证券公司数字化转型

——实践与策略——

杨 农　刘绪光　王建平 ◎著

清华大学出版社
北京

内容简介

本书基于对国内外证券公司数字化转型的大样本调研，提炼剖析证券公司数字化转型的内涵边界和基本特征，聚焦经纪、投行、固收、投研、风控、数据治理、内控合规等证券公司核心业务模块，融合先进的数字化成熟度评估模型，辅助证券公司全面评估其数字化水平，识别数字化能力建设缺口，有针对性地规划数字化转型路径，盘活机构数据资产，提升业务前中后台的连接效率、数据效率和决策效率，扩大金融服务深度，提高金融服务普惠水平，切实为实体经济发展提供高质量的金融产品和投融资服务。

全书兼顾政策性、理论性、前瞻性和操作性，可作为广大证券机构开展数字化转型工作的参考书、案例库和工具箱。

本书封面贴有清华大学出版社防伪标签，无标签者不得销售。
版权所有，侵权必究。举报：010-62782989，beiqinquan@tup.tsinghua.edu.cn。

图书在版编目(CIP)数据

证券公司数字化转型：实践与策略 / 杨农，刘绪光，王建平著. —北京：清华大学出版社，2022.10
ISBN 978-7-302-61816-4

Ⅰ．①证… Ⅱ．①杨… ②刘… ③王… Ⅲ．①证券公司－企业管理－研究 Ⅳ．① F830.39

中国版本图书馆 CIP 数据核字 (2022) 第 167512 号

责任编辑：陈　莉
封面设计：周晓亮
版式设计：方加青
责任校对：马遥遥
责任印制：朱雨萌

出版发行：清华大学出版社
　　　　　网　　址：http://www.tup.com.cn，http://www.wqbook.com
　　　　　地　　址：北京清华大学学研大厦 A 座　　邮　编：100084
　　　　　社 总 机：010-83470000　　邮　购：010-62786544
　　　　　投稿与读者服务：010-62776969，c-service@tup.tsinghua.edu.cn
　　　　　质 量 反 馈：010-62772015，zhiliang@tup.tsinghua.edu.cn
印 装 者：三河市东方印刷有限公司
经　　销：全国新华书店
开　　本：148mm×210mm　　印　张：6.25　　字　数：135 千字
版　　次：2022 年 11 月第 1 版　　印　次：2022 年 11 月第 1 次印刷
定　　价：68.00 元

产品编号：096930-01

前 言

当前,信息科技的发展日新月异,数字化浪潮席卷全球,对各行各业的商业模式和竞争格局进行重塑,有望推动社会发展和文明进步到达新的阶段。立足新阶段,谋划新发展,需贯彻新理念,顺应新变化。聚焦我国证券行业,其正面临诸多变化和挑战,从外部需求看,用户、监管、技术、产品和渠道等方面正呈现出线上化、智能化、定制化的发展趋势,监管部门愈发重视金融科技、数字化转型在服务实体经济、助力产业创新方面的积极作用;立足行业看,证券公司正面临着业内、跨业、跨界乃至跨国的复杂竞争格局,大量的中小型证券公司迫切需要形成特色化、差异化和精细化的产品服务供给能力。

本书第一章从概念内涵和演变历程看,证券公司的数字化转型主要指通过数字化手段对业务模式和经营逻辑进行优化重构。在机构层面,券商直面瞬息万变的金融市场,需要在业务和流程线上化、智能化的基础上,以客户的个性化需求为中心,对战略规划、组织架构、业务流程、数据治理等方面进行系统性改造,更好地满足客户需求,提升运营效率和业务绩效;在行业层面,需努力打通不同证券公司甚至不同行业的数据壁垒,实现数据流动和资源共享,构建数据经济生态圈。

第二章结合数字时代的新特征和金融科技带来的颠覆式变革,将国际证券行业的数字化演进历程分为孕育萌芽期、高速成长期和成熟繁荣期三个阶段。从海外实践看，证券公司数字化转型的关键，一方面在于构建开放化、平台化、生态化的全新数字化商业模式；另一方面在于提升组织、人才、理念等方面的数字化核心基础能力。以摩根士丹利（Morgan Stanley）、嘉信（Charles Schwab）和Betterment为例，本书重点介绍了几种典型的证券公司数字化转型模式——全方位金融科技转型模式、O2O财富管理模式和自动化智能投顾平台模式，力图为证券机构提供可供参照的转型模式和思路。

第三章对国内证券公司数字化转型的实际情况进行全面调研和分析。样本范围较为全面，主要为数字化转型具有领先经验的证券行业头部机构。调查从战略规划、组织人才、应用实践与信息系统建设四个维度出发，力求客观衡量我国证券公司在数字化转型过程中的目标、路径、进程与共性痛点。

第四、五、六章从面到点，聚焦证券公司数字化转型在前、中、后台的良好实践和探索应用。前台的数字化转型，目的是更大范围地触达、更精准地识别客户，并为客户提供更个性化、高品质的服务；中台是对前台应用复用能力的聚合，它的出现是证券公司多领域联动整合、全面数字化转型的应用形式；后台可以归结为数据的加工和挖掘方，并将数据价值赋能中台，使中台能更好地支持前台的规模化创新。基于证券公司数字化转型整体应用落地的情况，本书选择前台的智慧化财富管理、投行数字化转型、FICC（Fixed Income, Currencies and Commodities）业务数字化，中台的智能投顾、智能投研、智慧化运营、数据中台，后台的数据治理和监管合规数字化进行重点解读，分析其如何帮助证券公司对外提高

前　言

客户服务能力和响应速度，对内提升管理精细化程度，降低业务处理成本，最终实现降本增效控风险的效果。

经历了一系列的数字化转型投入，如何量化数字化的成效，如何评估数字化转型的收益与效益，开始成为领先证券公司关注的要点。本书第七章梳理了数字化转型量化效果评估的方向和七大关键评估要素，比较分析了多家机构建立的企业数字化转型评估模型，最后基于咨询公司的方法论，提出BXTG四维数字化转型效果评估模型，并给出了评估实例。最后，本书尝试提出证券公司数字化转型的实施路径：一是在战略层面加强顶层设计，完善长期战略发展规划，通过数字化赋能有效拓展证券业发展的广度和深度；二是在组织层面建设与数字化转型需求相适应的资管科技组织，需要企业对体制、组织、文化进行全方位的数字化能力变革；三是在业务层面努力建设基于数字化能力提升价值创造的业务模式，并有效激励业务团队持续进行数字化创新；四是在数据层面持续增强数据治理能力，合规挖掘数字资产价值；五是在技术层面持续加大自主研发力度，推动基础设施建设。

本书适合的读者对象为证券公司各级从业人员、咨询公司顾问、高级或专业培训机构学员。本书的创新主要在于兼顾宏观和微观、理论和实践、金融与科技的系统融合，综合运用定性分析、问卷调查、案例研究等多种研究方法，一方面在宏观层面比较系统和完整地进行了国内证券公司数字化转型的大样本调研，力求刻画当前证券业数字化转型的基本概况，提炼剖析证券公司数字化转型的内涵边界和基本特征，还比较分析了国际先进的经验借鉴和启示；另一方面聚焦经纪、投行、固收、投研、风控、数据治理、内控合

证券公司数字化转型：实践与策略

规等证券公司核心业务模块，筛选解析涵盖前、中、后台主要业务流程和领先券商的实践案例，借此为行业数字化转型提供借鉴和参考。

念念不忘、必有回响，《证券公司数字化转型：实践与策略》完稿付梓，特别感谢范永敏、李波、肖丁、张译丛、刘晓宇、刘欣琦、王思敏等在编纂过程中给予的帮助与支持。由衷希望本书可以与广大证券业从业人员形成共鸣，若且能启发一二，更是幸甚。当然，如有不足之处，请广大读者不吝指正！

作者
2022年10月

目 录

第一章
逻辑起点：我国证券公司数字化转型的现实基础与内涵界定 / 001
  一、数据、数字化与数字化转型的内在逻辑 / 002
  二、证券期货业科技发展"十四五"规划启动数字化转型 / 008
  三、证券公司数字化转型的关键驱动 / 009
  四、证券公司数字化转型的内涵界定 / 013

第二章
他山之石：国际证券公司数字化转型的实践与经验启示 / 019
  一、国际证券公司数字化转型趋势 / 020
  二、国际证券公司数字化转型案例 / 023
  三、国际证券公司数字化转型成功要素分析 / 041

第三章
本土实践：国内证券公司数字化转型的探索与实践 / 045
一、国内证券公司数字化转型调研的整体情况 / 046

二、国内证券公司数字化转型案例 / 057

三、国内证券公司数字化转型成功要素分析 / 070

第四章
价值释放：证券公司前台业务的数字化转型 / 075
一、证券公司零售金融业务的数字化转型 / 076

二、证券公司数字化转型在企业及机构业务中的应用 / 087

三、证券公司数字化转型在投资领域的应用 / 092

第五章
平台赋能：证券公司中台业务的数字化转型 / 103
一、证券公司数字化转型在运营管理中的应用 / 105

二、证券公司数字化转型在风险控制中的应用 / 111

三、证券公司数字化转型在数据中台中的应用 / 114

第六章
行稳致远：证券公司后台业务的数字化转型 / 121
一、证券公司数字化转型在数据治理中的应用 / 122

目 录

二、证券公司数字化转型在合规管理中的应用 / 130

三、证券公司数字化转型在后台职能领域中的应用 / 142

第七章
纲举目张：证券公司数字化转型的能力评估模型、挑战与应对策略 / 147

一、证券公司数字化转型的能力评估框架与范例 / 148

二、证券公司数字化转型的挑战与短板 / 164

三、证券公司数字化转型的策略与建议 / 178

参考文献 / 185

第一章

逻辑起点：我国证券公司数字化转型的现实基础与内涵界定

中国资本市场正在迎接新一轮改革的历史性时刻，随着注册制的全面推进，我国证券业面临着新的机遇与挑战。在政策鼓励的背景下，如何充分借助金融科技赋能，推进数字化转型，实现金融资本与实体经济协同发展，高质量完成金融供给侧结构性改革，已是证券行业的必答题。

作为行业中流砥柱的证券公司，需要顺应用户、监管、技术、产品和渠道等外部因素的变革需求，提升自身业务创新和核心竞争能力，更需要在生产力层面和生产关系层面契合数字化转型的科技变革与产业迭代。本章以此为逻辑起点，分析证券公司数字化转型的现实基础、内外动因，并试图勾勒其概念边界，据此提供一个分析框架。

一、数据、数字化与数字化转型的内在逻辑

（一）生产力与生产关系视角下的数字化

数据、数字化、数字化转型等要素和概念在数字时代兴起，彼此联系紧密，数据要素成为区别于传统物的要素和人的要素的新型生产资料，既是生产力的内容和条件，也是生产关系的表现和载体①。在数字化的过程中，数据要素参与生产实践，数据生产方、收集方和处理方，运用采集和处理数据的技能与工具，加工要素形态的数据资料，极大地释放了社会生产力，数字化转型则提供了更广谱的生产关系跃升空间。

数字化始于电子，兴于比特，而重要基石和底层推手则是作为生产要素的数据。党中央、国务院高度重视数据作为国家战略资源的价值，党的十九届四中全会提出"数据生产要素"，2020年政府工作报告提出"培育数据市场"。2020年4月9日，中共中央、国务院印发《关于构建更加完善的要素市场化配置体制机制的意见》，将培育数据要素市场上升至国家战略高度。"十四五"规划纲要则进一步明确"激活数据要素潜能"和"以数字化转型整体驱动生产方式、生活方式和治理方式变革"。

---

① 刘绪光. 数字账户、平台科技与金融基础设施[M]. 北京：中国金融出版社，2022.

第一章　逻辑起点：我国证券公司数字化转型的现实基础与内涵界定

（二）数据要素的内涵及特征

数据曾经专指数字，如今文本、声音、图片、视频甚至行动轨迹等先后成为数据，而数据的应用早已超出了统计、计算、科学研究或技术设计等专业领域范畴，深入社会经济、商业活动和人们日常生活的方方面面。如今，学者普遍认可数据是一种电子化记录，进一步在经济金融范畴内，讨论大体围绕这种独特记录的属性和内容两个维度：一方面，数据是现实世界的映射或采编，能够通过电子化方式进行传递和处理，具有一定的主观性和片面性；另一方面，数据是通过观察物体、个人、机构及其事务与环境等对象的产物，描述刻画了蕴含商业价值的各种不确定性。

学者指出[①]，区别于传统的数据信息，大数据技术及数字经济背景下的数据资源，具有一系列新的物理属性和经济特征，包括非稀缺性、非排他性、载体多栖性、价值差异性、用途不可测性等。例如，数据资源的非稀缺性是指数据不同于土地、资本等传统生产要素，也不同于数字经济之前的数据信息，具有相对充裕、可无限复制的特点，并且很多数据信息可借助其他维度的数据推断勾勒，稀缺性约束相对不再刚性。数据使用的非排他性是指数据在使用上同专利技术等智力成果一样，一个数据加工方在使用数据时，不妨

---

① 杨涛. 数据要素：领导干部公开课 [M]. 北京：人民日报出版社，2020.
　王汉生. 数据资产论 [M]. 北京：中国人民大学出版社，2019.
　陈永伟. 数字经济时代，数据是怎样一种关键要素 [J]. 商业观察，2018(1)：82-83.
　费方域，闫自信. 数字经济时代数据性质、产权和竞争 [J]. 财经问题研究，2018(02)：3-21.
　丁文联. 数据竞争的法律制度基础 [J]. 财经问题研究，2018(2)：5.

碍另一数据加工方同时使用该数据，数据在物理上可以被共享和多次使用。载体的多栖性是指在数据产生过程中，各类用户使用各种数字产品，包括各种网站、App提供的服务及各种终端设备，一个人的数据广泛栖息于网站、App和终端设备等多个载体，具有多栖性。用途难以预测性是指大数据的开发利用不但依赖当前实时发生的数据，还依赖历史数据的积累。数据信息在被收集、加工时，使用方未必能确定这些数据信息未来的具体用途，但仍有积累、收集、加工这些数据的激励。此外，数据信息在被开发利用后，其效果可能远超出原来产生数据信息的用户范围，体现出较强的外部性[1]。

（三）数字化的多视角解读

数字化可以从技术与业务两个视角解读。根据高德纳咨询公司术语定义，前者是指将信息转换成数字，便于计算机处理，通常是二进制格式；后者则是由技术引起的行业、组织、市场和分支机构内部变革的组织过程或业务过程。这一过程所形成的商业模式与以往相比具有鲜明特点，即信息透明、速度为王、边界模糊。信息透明源自数据获取的渠道越发多元，专业壁垒正在消失。速度为王表现为各类机构和个人间连接的速度、信息传递与反馈速度、创新应用速度都在迭代优化，而边界模糊最为关键，在传统物理世界中，基于交易费用划分的企业、组织和市场边界面临破圈和重塑的机遇与挑战。

数字化首先是一个技术概念，同时又是代际概念[2]。从技术上

---

[1] 刘绪光.数字账户、平台科技与金融基础设施[M].北京：中国金融出版社，2022.
[2] 陈春花.价值共生：数字化时代的组织管理[M].北京：人民邮电出版社，2021.

第一章 逻辑起点：我国证券公司数字化转型的现实基础与内涵界定

讲，数字化是指把模拟数据转化成由1和0表示的二进制代码。从代际概念理解，数字化是指现实世界与虚拟世界并存且融合的新世界。对于企业组织而言，数字化是方向和目标，而数字化转型可以理解为基于此目标的进程和结果。数字化是通过采集、存储和应用环节，不断积累以数据为基础的生产资料，形成应用闭环，连接并赋能企业采购、设计、生产、销售等关键流程环节，实现数据要素资产化和价值释放的过程。

在金融行业数字化环境下，作者认为金融行业数字化的内涵是商业模式的转型、经营理念的转型、组织架构的转型及技术体系的转型：商业模式的转型是要思考如何利用数字化进行可持续的盈利模式设计；经营理念的转型是营销模式、运营模式、风控模式、客服模式和产品创新模式等转型；组织架构的转型是要改变过去部门墙和以产品为中心的形态，向以客户为中心、大中台、小前台的敏捷组织转型；技术体系转型是梳理当前技术体系，同时配合商业模式、经营理念与组织架构转型的需求，进行适应性转型，而不是为了技术转型而转型。基于此，数据成为与客户、渠道、资本、员工同样重要的生产要素，激发出新的生产工具与生产关系，实现降本增效的生产力提升。

（四）数字化转型赋能生产关系高质量跃迁

国务院发展研究中心在《2018年传统产业数字化转型的模式与路径》中指出，数字化转型就是利用新一代信息技术，构建数据的采集、传输、存储、处理和反馈的闭环，打通不同层级与不同行业间的数据壁垒，提高行业整体的运行效率，构建全新的数字经济体系[①]。

数字化转型开启了生产关系的迭代升级，产业链条持续延展和开放。数字化转型的本质是生产力发展背景下专业分工的细化、具化和普遍化。以金融业为例，当前呈现出产销分离的趋势，即过去由金融机构独立完成的信贷、保险和支付等活动，正逐步演变成为产业链多机构分工合作，如信贷产业链分工细化出资本提供方、信息撮合方、贷后服务方等角色，一些具有流量优势、数据优势或技术优势的金融科技企业承揽大量的宣传、导流与撮合活动，并逐渐成为金融服务供给与需求的交汇中心。数字化转型加速了数字化进程，从而为转变和优化现有商业模式、消费模式、社会经济结构、法律和政策等提供了更广泛的生产关系跃升空间，如规范引导将对个人、企业、社会和国家都具有一定的积极意义。数字化转型可以理解为个人思想、技术、业务、企业组织、流程架构、文化的整体提升，是运用数字化技术提升生活品质与生产质量的过程。从宏观层面看，推进数字化转型，建设数字中国，目的在于提升全要素生产率、推动经济社会高质量发展、更好地满足人民群众对美好生活的向往和需求，是国家的重要战略。

生产力表征的数字化，目前已经在生产关系层面发挥作用，并逐步渗透至金融领域，一个现象级焦点就是当下热议的金融科技。在数字化时代，科技与金融的融合更为密切，科技一方面成为金融创新的重要推动因素，信息技术的进步提升了金融行业对金融信息

[①] 国家发展研究中心. 2018年传统产业数字化转型的模式与路径 [J]. 国家发展研究中心，2018.

第一章　逻辑起点：我国证券公司数字化转型的现实基础与内涵界定

的处理能力与效能；另一方面也相应地对金融机构的风险防控能力和责任提出了更高要求。

数字化是逻辑主线，在生产力层面起决定作用。从生产力决定生产关系的视角看，在科技驱动下，数字化成为人们生产、分配、消费的底层驱动力。在生产力层面，人们的生产资料经历了物质、能量和信息的变迁，生产工具经历了蒸汽机、电气、计算机的演进，聚焦生产对象的数据信息记录与采集(算基)、数据分析与应用(算法)、计算能力与效率(算力)越发成熟，支撑各行各业进行以业务数字化、数据业务化的生产关系跃迁，即数字化转型，成为金融供给侧结构性改革背景下，金融基础设施建设的重要抓手，其中一个潜在方向是资产数字化。在金融科技引领的大数据时代，数据体量逐渐增加，战略意义日益增强，新的金融需求方、供给方、中介方不断涌现，各方的数据意识和治理能力逐步提升。在信息不对称下的资产识别及数字化能力不断增强，运用数据更好地进行产品开发、获客营销、流程优化和风控定价，最终落脚点在于实现和增加价值，与资金资产负债表相当的数据资产负债表应运而生。

新技术的发展和完善不断突破金融基础设施的能力边界，新时代的金融基础设施供给要适应并支持经济数据化的发展趋势。在金融业务数字化的过程中，金融服务的土壤和对象在深度数据化，数字世界对现实经济活动的描述能力越来越精准、迅速。作为金融标的物的企业和个人，因为物联网、传感器、5G等新基建的赋能，信息提取和加工更为便利，分散信息集中化、局域信息公开化、默会信息显性化成为可能，信息不对称和信用不传递在一定程度上得到缓解。这对金融机构产品服务和风险管理能力提出了新要求，对原有金融基础设施的构成、运营和数字化转型提出了新要求，更对高质量的金融监管产生了新期待。当前，大数据、区块链、人工智能等新兴技术已开始显示其在支撑实时监管、协同监管和穿透式监管中的潜力与价值，这也为金融基础设施的完善和丰富提供了有力抓手。

二、证券期货业科技发展"十四五"规划启动数字化转型

2021年10月，在全球金融科技峰会资本市场金融科技论坛上，由中国证券监督管理委员会编制的《证券期货业科技发展"十四五"规划》(以下简称《规划》)正式发布。《规划》为"十四五"时期证券期货业的数字化转型和科技监管工作提供了指导思想，提出了一系列标志性、前瞻性、全局性、基础性和针对性的重大战略举措，成为新发展阶段证券期货业数字化转型的纲领性指南。

《规划》提出了六项重点建设任务：一是持续打造一体化的行业基础设施，统筹推进一体化行业云技术建设平稳有序推进，监管系统和行业应用上云。二是推进科技赋能与金融科技转型。不断完善金融产品服务，加强行业合规风控能力，提高投资者服务质量，大力提升行业数字化应用水平。基于行业云基础设施建设，为行业提供安全可靠、便捷应用、拓展性强的云基础设施。三是加强数据治理体系建设，完善行业科技治理体制。搭建并不断完善科技监管组织架构，充分发挥监管部门在行业科技发展中的统筹引领作用，运用交易所、行业协会、经营机构、行业信息技术服务商、核心机

第一章　逻辑起点：我国证券公司数字化转型的现实基础与内涵界定

构等各类机构在行业科技发展中的重要资源，共同构建行业科技治理的互促闭环。四是塑造领先的安全可控体系，提高信息安全自主可控的能力。全面推进行业信息技术的应用创新，建立应用创新技术解决方案并开展信创产品的验证测试，研究建立信创相关标准体系，统筹行业信创联盟，引入人才队伍的培养。五是提升科技标准化水平。在建立健全行业标准化工作体系的同时，统筹推进并协调国家标准与行业标准、政府制定标准与市场制定标准之间的平衡关系。六是提升金融科技的研究水平。多方面提升科研水平，助力科技发展。开展数字金融创新试点，提升风险监测和管控能力。

在数字化浪潮方兴未艾的新形势下，《规划》将深入推动证券行业数字化转型，实现动力变革、效率变革、质量变革，这将成为我国证券行业高质量发展的必由之路。

三、证券公司数字化转型的关键驱动

（一）证券公司进行数字化转型的外部驱动

随着科技浪潮席卷全球，各行各业都面临着竞争格局的变化和商业模式的重塑。从外部环境来看，国家战略及政策导向、经济高质量发展需求、用户观念及行为变化、科研创新及技术突破都在驱动着证券行业的数字化转型进程。

第一，国家战略及政策导向是驱动证券公司数字化转型的环境基础。自"十三五"国家科技创新规划以来，政府及监管部门在金融科技行业的政策导向不断深入。在顶层设计层面，中共中央于2020年正式将数据纳入生产要素范围，数据要素市场化配置上升为国家政策；国务院将发展金融科技作为深化金融供给侧结构性改革的重要举措，在"十四五"规划中明确提出要稳妥发展金融科技，加快金融机构数字化转型。在金融行业层面，中国人民银行陆续出台阶段性金融科技发展规划，并持续健全金融科技监管基本规则和标准，推进金融科技的守正创新落到实处；中国证券监督管理委员会出台《证券期货业科技发展"十四五"规划》，对证券业数字化转型给予了全局性、前瞻性的指导。这一系列的行业指导政策为从业机构的数字化转型提供了良好的沃土。

第二，经济高质量发展需求是驱动证券公司数字化转型的根本动能。基于国家"十四五"战略，我国已转向高质量发展阶段，经济长期向好，发展韧性强劲，但目前创新能力还不能完全适应高质量发展的要求。面向"十四五"，坚持创新驱动发展战略，全面塑造发展新优势是新时期推进经济高质量发展的必然选择。随着注册制推广、再融资松绑、北京证券交易所成立等一系列政策利好的落地，资本市场满足企业融资需求的能力将得到有效提升，为证券行业的发展提供更大的空间，使能快速响应市场需求的券商在行业竞争中抢占先机。因此，证券公司应建立数字金融思维，培育数字化能力，优化数字化治理，以新金融模式推进自身数字化转型，开创高质量发展新局面。

第三，用户观念及行为变化是驱动证券公司数字化转型的社会基础。伴随着经济发展和技术更迭，用户的行为习惯和投资需求也

第一章 逻辑起点:我国证券公司数字化转型的现实基础与内涵界定

随之改变。B端和C端都呈现出线上化、智能化、个性化的转型趋势:C端客户对于财富管理定制化的需求逐步提升,B端客户对全生命周期的综合金融服务需求旺盛。同时,客户群体和习惯变化也带来了产品和渠道的变化,促使证券公司通过数字化转型重构金融服务,实现线上与线下融合,根据不同客户的需求提供个性化的产品和服务。例如,线上通过个人计算机、App、小程序直接触达,或者通过财经门户等第三方进行引流,将营销活动深入到用户的各个活动场景,并基于客户画像围绕生命周期推出对应的产品和服务;线下通过数字化的手段为分支机构人员提供展业支持工具,改善客户的服务体验。

第四,科研创新及技术突破是驱动证券公司数字化转型的技术基石。国家"十四五"规划中明确把科技自立自强作为国家发展的战略支撑,在北京、上海、粤港澳大湾区打造国际科技创新中心。2020年我国科研投入占GDP的比重为2.4%,"十四五"期间,国家要求科研投入年均增长要超过7%,科研强度将达到2.5%~2.6%,并力争成为全球科研投入最多的国家。目前,证券业的科技投入规模虽然整体上落后于银行业,但近几年的投入增速始终保持高位,2020年证券全行业信息技术投入金额为262.87亿元,同比增长21.31%。未来,证券公司可以充分发挥后发优势,借鉴海外投行先进的技术经验,推进数字化转型进程不断深入。

(二)证券公司进行数字化转型的内部驱动

从业务能力看,满足客户多样化的需求,提升客户服务能力是证券公司数字化转型的内部驱动因素。

在零售业务方面，证券公司的传统经纪业务增长乏力，佣金费率长期处于下行通道，部分券商甚至以逼近成本线的1‰费率抢占市场。在此背景下，各券商纷纷寻求经纪业务向财富管理转型，但目前多数券商的数字化程度未能支撑对提供客户"千人千面"的定制化服务，客户端的应用无法完全满足客户多元化的投资需求及个性化信息的获取需求。

在机构业务方面，机构客户的需求从传统单一产品服务转向多元化、专业化，但多数券商目前仍是单点式地向机构客户提供PB(Prime Brokerage)、交易、托管等金融服务，尚未建立起针对机构客户的一站式服务平台；投行领域的数字化程度相对滞后，未能支持对投行项目拓展情况的多维度分析，且多数底稿仍依靠人工审核，业务运营质效较低。

在投资业务方面，在资产配置、绩效归因等方面仍存在大量烦琐且耗时的手工统计环节，无法有效地支持投资经理的研究和投资工作，多数券商的投研一体化、量化投资平台建设尚处于起步阶段。

此外，证券公司还面临来自银行、保险、基金和信托等金融机构的竞争压力，这些机构在资本实力、客户基础、投资能力等方面各有优势，且与券商业务同质性逐步趋同，银行保险业机构的科技建设投入远远超过券商，证券公司必须加快数字化转型速度，提升运营效率，实现弯道超车。

四、证券公司数字化转型的内涵界定

(一)证券公司数字化转型的内涵

《中共中央国务院关于构建更加完善的要素市场化配置体制机制的意见》首次提出加快培育数据要素市场,正式将数据要素纳入中国经济发展的生产要素中,肯定数字化转型的重要性;国家"十四五"发展规划中将建设"数字中国"作为国家发展战略;国务院国有资产监督管理委员会在《关于加快推进国有企业数字化转型工作的通知》中提到,数字化转型是改造提升传统动能、培育发展新动能的重要手段,数字化转型的过程包含建设基础数字技术平台、建立系统化管理体系、构建数据治理体系等内容;中国人民银行在《金融科技发展规划(2022—2025年)》中指出,数字化转型是以金融数据要素应用为基础,以深化金融供给侧结构性改革为目标,将数字元素注入金融服务全流程,将数字思维贯穿业务运营全链条,注重金融创新的科技驱动和数据赋能的过程。

尽管学界尚未形成权威、统一的数字化转型的定义,但综合主要文献和主流观点看,顶层制度及业界和学界的专家学者普遍认为,数字化是传统行业和机构融入国家数字经济战略的重要路径,是以数据资源为关键要素,以现代信息网络为主要载体,以信息通信技术融合应用,实现组织架构、业务模式、内部流程、服务质效升级改造的过程。

比照数字化转型的内涵界定可以认为,券商的数字化转型是通过数字化手段对公司的业务模式和经营逻辑进行重构：在零售金融层面，数字化可以在获客、营销、客户管理等环节提升效率；在产业金融层面，数字化可以有效整合券商服务机构及企业客户的能力；在交易金融层面，数字化可以提升券商交易策略的盈利性，以及交易运营效率，并推进投研一体化进程。在机构层面，证券公司可以基于底层技术升级和实体信息数字化，对总部及分支机构的组织架构、业务流程、数据治理等进行全方位的系统性改造，进而推进分公司、营业部更好地满足客户需求、提升运营效率和业务绩效；在行业层面，证券公司可以打通不同公司甚至不同行业的数据壁垒，如通过"商行+投行"模式，满足客户多元的投融资需求，实现数据流动和资源共享，进而提升行业运行效率，构建数字经济生态圈。

（二）证券公司数字化转型的特点

与一般的金融机构不同，券商直面瞬息万变的资本市场，经营环境复杂多变，同时面对投资者多样化的投资需求，需要提供更高效、便捷、安全和个性化的金融产品和服务，因此在证券公司数字化转型的过程中，除了具备线上化、智能化、个性化等特征外，还需要关注安全性、高效性和复杂性。

具体来看，首先，业务和流程的线上化是数字化转型的基础，之后逐步尝试打通客户信息、服务产品、运营管理、业务流程等数据生态闭环。伴随云计算、大数据、人工智能、区块链等技术的成熟和应用，将逐渐向智能化演变。数字化与数智化两者的共性在于

第一章 逻辑起点：我国证券公司数字化转型的现实基础与内涵界定

"数"，区别在于"智"。"数"是基础，属于生产要素，侧重在算力算基；"智"是关键，属于生产工具，侧重在算法升级，是在"数"的基础上衍生出的高阶能力，二者一脉相承。其次，伴随着客户财富规模的不断扩大，需要多样化的金融产品和服务，券商在数字化转型的过程中也是以客户的个性化需求为中心进行创新和变革。再次，由于资本市场波动较大、金融工具愈发复杂，对券商风险管理能力的要求不断提升，因此在数字化转型的过程中，安全性是需要考虑的基本要素。此外，券商在经营的过程中，对交易系统的时效性要求很高，且面临的环境和提供的业务、产品和服务都非常复杂，因此，高效性和复杂性也是券商数字化转型的重要特征。

不同规模证券公司数字化转型的特征存在差异。例如，中小券商的主要诉求为优先做大规模，包括客群规模、资产规模、产品销售规模等，故在开展数字化转型时将更青睐有效的获客手段和客户价值分析技术；而大型券商则更关注"以客户为中心"的价值转化，希望借助数字化手段实现内部能力的整合，进而为客户提供综合化服务。

（三）证券公司信息化建设的演变历程

回顾我国金融科技和金融业数字化转型的发展历程，结合证券公司的实际情况，可以将券商的数字化分为以下三个阶段：交易电子化、业务线上化、数字化转型(见图1-1)。

	交易电子化 (2000年前)	业务线上化 (2000—2019)	数字化转型 (2019年至今)
背景	➤ 业务和产品愈发复杂 ➤ 对运营效率要求提升	➤ 互联网技术的普及，用户习惯线上化 ➤ 内外部竞争激烈，费率下滑严重	➤ 数据成为新生产要素 ➤ 数字化转型开启 ➤ 行业信息技术管理不断完善
架构	➤ 传统IT架构	➤ IT架构优化	➤ 组织架构变革
特征	➤ 传统IT架构 ➤ 对原有组织、流程和业务优化 ➤ 提升运营效率	➤ 进行线上布局 ➤ 互联网程度提高	➤ 业务数字化转换率提升 ➤ 数字化应用有效落地
问题和发展趋势	➤ 未触及核心商业模式 ➤ 各系统相互独立，维护成本高	➤ 业务数据化程度较低 ➤ 技术和业务存在矛盾 ➤ 数据孤岛 ➤ 实际应用较少	➤ 信息数据化 ➤ 商业模式全面重构

图1-1 我国证券公司数字化转型的演变历程

1. 第一阶段：交易电子化(20世纪90年代至2000年)

20世纪90年代，国内证券行业的电子化开始萌芽，科技开始改变证券的交易方式，主要应用于网上登记、交易、结算等流程，未触及核心商业模式。上海证券交易所和深圳证券交易所在成立之初就采用了无纸化电子撮合竞价交易平台。证券公司在这一阶段的经营重心以经纪业务为主，因此，通过网络、电话、传真等电子化的方式将客户的交易订单高效、安全地传递至交易所，成为券商的核心诉求。电子化交易在扩大其经纪业务的服务供给能力的同时，也逐渐成为证券业数字化发展的早期表现。

2. 第二阶段：业务线上化(2000年至2019年)

随着互联网技术的迅速腾飞，证券行业面临费率市场化、多方竞争者的压力和挑战，传统的证券行业经营模式开始向互联网交易转变。互联网证券进入大众视线，例如，资本实力及经营能力较强

第一章 逻辑起点：我国证券公司数字化转型的现实基础与内涵界定

的大中型传统券商开始自建线上平台，发展互联网证券业务；互联网券商兴起，老虎证券、富途证券等新兴创业公司聚焦提供在线交易服务；东方财富等互联网企业从资讯领域切入市场，通过收购获取券商牌照，利用流量等优势，围绕证券的相关业务发展一站式服务平台。

3. 第三阶段：数字化转型(2019年至今)

在这一阶段，全方位地应用信息技术和数据推动业务转型，成为最具时代特征的新生产要素，金融科技与人工智能、大数据、区块链、云计算等技术结合推动证券行业正式进入数字化转型，重构证券行业的金融服务生态。数字技术对券商的获客、投资、交易、风控等全流程带来根本性变革，数字化转型由业务数字化向运营数字化全面展开，证券行业对信息技术的投入力度也呈稳步增长之势。

在数字经济背景下，券商的数字化转型的定位更加清晰，发展方向愈发明确。华泰证券作为业内较早地提出数字化转型的证券公司，于2019年成立数字化运营部，正式宣布开启全面的数字化转型。自此，众多头部券商逐步形成了大力推动数字化转型的共识，同时也引起了中小券商的广泛关注。此后，光大证券、国泰君安证券纷纷将传统的互联网金融部更名为数字金融部；银河证券在原互联网金融部门的基础上设立数字金融中心；多数中小型券商将2020年作为其数字化转型元年。

证券业数字化转型进入全面发展的初期阶段，数字化应用在券商的应用场景持续拓宽。头部券商的金融科技应用逐步落地，在自营、资管和投行等复杂业务中均有案例实践，在财富管理业务领域的应用最为深入。同时，在系统运维、风控运营等方面也有所涉及。数字化转型在券商组织架构变革、业务变革、管理变革、服务变革中发挥着现实意义，国内券商的数字化转型进入全面启动时期。

第二章

他山之石：国际证券公司数字化转型的实践与经验启示

数字化一直在改变着全球资本市场的功能和格局，国际领先投行和券商积极拥抱数字化，其数字化转型之旅历经三个阶段，即单一零售业务数字化阶段，前、中、后台协同数字化阶段和全方位数字化阶段。纵览国际证券行业的数字化转型历程，本章以行业领先公司为典型案例，分析国际证券公司数字化转型工作重点，包括综合型投行、互联网券商、金融科技公司、传统证券公司及头部资管公司等。本章旨在通过洞察国际领先证券公司的数字化转型路径和节奏，总结共性，提炼工具，他山之石，以期攻玉。

一、国际证券公司数字化转型趋势

时代在变,技术在变,行业在变,不变的是客户对更快捷、更优质服务的诉求。证券公司作为连接资本市场与企业和投资人的重要媒介,几十年间获客方式、盈利模式、发展趋势亦顺应科技浪潮革故鼎新,每个时期总有企业乘风弄潮。中国证券市场正处在改革发展的重要阶段,通过研究海外成熟资本市场的发展趋势,或许能够一窥数字化前潮的趋势。

(一)领先投行提升科技转型至战略高度

国际投行将数字化转型提至战略高度。时代变革促使国际领先投行基于行业现状、客户偏好改变固有经营模式和盈利方式。这类转变并非因变而变、被动接受,而是未雨绸缪,自上而下、由内向外地发起数字化转型。当新技术诞生时,国际投行积极思考长期、全面、深层的适配规划,挖掘新技术对于传统业务的赋能点、孕育新业务及新需求的可能性,并随着业务战略而不断调整。科技的进步,派生出全新的业务模式;业务的开展,明晰了市场诉求。前者须对业务进行匹配调整,而后者须使科技匹配赋能。国际领先投行业务与科技不断适配时代趋势,并非科技支持了业务,亦非业务跟随科技发展的单一关系,而是相辅相成、互为主次、共同成就。

第二章 他山之石：国际证券公司数字化转型的实践与经验启示

全球领先投行以公司架构、业务条线调整为起点，以跨界收购、合作创新为手段，以实现用户价值为中心，开启从底层系统到前端产品的全面内在转型升级，助力企业由内向外焕然新生。在国际投行数字化转型的过程中，因各部门在实际业务中的防火墙设置，需设立顶层的协调组织，以帮助完成需求的收集，同时保证转型过程切实高效推进。另外，因转型的深度、广度与投行本身业务的复杂度、规模有直接关系，国际领先投行在数字化转型的过程中，涉及的数据规模大、系统多、业务繁杂，故对科技人才的需求较大。建立相匹配的协调组织与长期的人才引进、培养计划将支撑保障国际投行的数字化转型。

（二）从赋能业务到赋能平台再到赋能生态

有别于国内券商，国际先进投行正试图以自身品牌，通过收购、投资等市场行为建设平台，进而打造以自身品牌为中心的生态体系。在国际投行数字化转型的过程中可以观察到，数字化转型首先将便利传统业务，涉及前、中、后台的业务、工作流程。通过AI技术、自动化技术，以及机器学习技术等在开展传统业务时提高效率，减少人力支出。投行数字化转型初具成效后，通过打造自身特殊部门、市场收购某一领域科技公司等方式打造数字化业务平台，如线上服务、智能投顾、客户服务、机构销售、投资交易平台等。通过平台化运作，增强自身品牌的流量属性。凭借自身流量，借助云技术、API(Application Programming Interface)接口等方式，在保证安全性的同时拓展客户的使用场景，降低使用门槛。例如，领先投行可凭借自身财富管理平台客源为基础，在丰富产品和服务多样性的同时，满足更多潜在客户的需求，打造富有客户黏性的多样性生态体系。

（三）聚焦强势业务领域的同时开拓全新竞争领域

国际领先投行因数字化转型的战略重要性，在科技领域不吝投入，除了自营科技体系建设，以高盛、花旗、摩根大通为首的头部投行在投资端亦表现积极。高盛近年来将投资收购放在财富管理领域，通过另类贷款和财富管理强化与零售客户的黏性；花旗则更注重资本市场端的金融科技公司，以更加便捷的投行和证券市场业务满足大型机构客户的需求；摩根大通除了在资本市场投入，对中小企业服务类及支付类企业亦十分青睐，这些企业可以增强现有相关条线的业务表现。除此之外，国际投行在新兴科技领域的布局亦十分迅速，如早年的区块链技术，或在当下的NFT(Non-Fungible Token，即非同质化通证)及元宇宙相关观念的加持下，对将金融领域以游戏、虚拟增强的形式进一步拓展。而领先投行正试图通过对前沿领域的投入，在进行科技储备的同时挖掘、培养客户需求，开拓全新竞争领域，为次世代的业务发展架桥铺路。

第二章 他山之石：国际证券公司数字化转型的实践与经验启示

二、国际证券公司数字化转型案例

本节选取具有代表性的综合全能型券商、特色型互联网券商、金融科技公司作为研究对象，分别研究国外券商在数字化转型中的发展经验，为我国券商加速数字化转型提供借鉴。

（一）综合全能型证券公司，引领全方位金融科技转型

某证券公司成立于1935年，作为国际大型投行，提供全球顶尖的财富管理服务。财富管理作为公司的核心优势业务和收入来源，2020年财富管理收入191亿美元，占整体营业收入的39.53%(见图2-1)。

图2-1 某投资银行2016—2020年各业务收入情况

在数字化转型的进程上，该公司首先加强金融科技在财富管理领域的运用及融合，巩固自身的市场核心竞争力；其次通过与科技公司的合作，实现合作共赢；同时在组织方面改革创新，有效支撑

公司全方位数字化转型。

1. 财富管理业务作为数字化转型发力点，实现人工和智能投顾相结合

财富管理领域的数字化应用围绕解放投资顾问、提升客户服务体验开展。在财富管理转型上，该公司秉持"以专业的人工财富管理顾问为核心，智能投顾为辅助"的核心理念，搭建功能丰富的财富管理平台，线上投顾和智能投顾作为服务客户的立业之本，实现线上智能服务和线下个性化服务相结合，为高净值客户提供深度定制化服务。

(1) 自建数字化财富管理平台，通过工具辅助提高投资顾问专业服务水平。2018年，该公司重金投入建设财富管理平台，为投资顾问提供全球资讯和分析工具，借助机器学习、预测分析等现代信息技术，帮助15000多名投资顾问更迅速、敏捷、高效地服务客户。财富管理平台主要包含四类工具，其中，Next Best Action(NBA)核心平台提供投资建议、操作预警，并辅助解决客户日常事务；Goals Planning System(GPS)目标计划系统通过帮助客户量化长期投资目标，协助投资顾问为客户提供包括上学、就业、购房、遗产继承等全方位的目标管理；其他叠加的工具还包括Aladdin风险分析工具、资产集合视图等。如今，该公司投顾业务已基本实现数字化工具的普及应用。截至2019年，超过90%的投资顾问团队每周至少使用两种数字化新技术平台工具。为迅速落地该平台，公司在区域及分支机构层面均提供系统性培训，帮助投资顾问快速掌握并运用新技术工具。

(2) 打造智能投顾平台，为分层分类的财富管理客户提供服务补

第二章 他山之石：国际证券公司数字化转型的实践与经验启示

充，提升公司整体的财富管理能力。在分析年轻富裕人群偏好的基础上，通过智能投顾平台Access Investing(MSAI)提供一系列低门槛的特色投资组合，包括可持续发展投资等主题。2019年，该公司收购股票管理SaaS(Software-as-a-Service)服务商Solium Capital成立子公司，亦计划将MSAI作为服务切入点，拓展延伸年轻且高潜力的企业员工客户，利用智能投顾及线上投顾伴随客户成长，未来逐步加深投顾的专业化经营与服务。

2. 合作参与金融科技创新，打造金融生态圈

国际投行不断加大对金融科技公司的重视，纷纷向科技公司转型。"开放学习，合作共赢"是公司对待前沿技术科技的态度。公司创新不拘于闭门造车，而是通过合作共赢打造公司金融科技生态圈，实现业务创新。

(1) 通过与金融科技公司合作，利用技术优势提升自身在金融行业的竞争力。例如，公司与数据公司Yext合作，通过大数据及人工智能手段，客户可借助语音助手、聊天机器人等工具，在搜索地图中挖掘投资顾问的深层属性，选择匹配自身需求的投资顾问，帮助客户提升选择效率。通过与金融科技公司的合作，公司有效提高投资顾问的搜索频率和曝光度，结合客户管理系统等工具，提升客户体验。

(2) 通过举办科技峰会与金融科技公司建立合作共赢的商业模式。自2000年以来，公司每年举办CTO Innovation Summit、FinTech Summit等大型峰会，与金融科技领域的前沿研究者进行交流，对金融科技的应用及未来展望进行研讨。公司通过保持对新兴技术的洞察力，不断为自身的业务带来新的输入，同时探讨自身发力领域并挖掘未来潜在合作伙伴，在金融科技领域形成了一定的行业影响力。

3. 组织建设与创新，支撑整体金融科技顺畅转型

首先，在组织架构上，该公司设立专门的信息技术高管来支撑金融科技在全公司的战略地位，协调发力公司的业务重点。2018年公司支持金融科技转型，在市场上重金引入金融科技领域人才，设立首席数据官、首席数字化转型官、新技术转型官等职位，其中新技术转型官专门负责对科技公司的投资，以及为客户提供创新产品及解决方案。其次，该公司将投资顾问使用公司新技术平台加入到员工的绩效考核中，通过绩效奖励提升科技平台的使用频率。

对国内券商数字化转型的启示有以下三点。

(1) 财富管理业务可以作为国内券商金融科技布局的重要业务，而投顾能力的提升是财富管理数字化转型的重中之重。通过建设数字化财富管理平台，以金融科技手段辅助提高投顾的专业能力，同时发展智能投顾技术作为财富管理业务服务下沉客户的抓手，结合人工服务与智能服务提升客户体验。

(2) 打造金融科技生态圈，与金融科技公司互相合作实现业务数字化变革。传统金融机构和金融科技公司各有所长，未来金融机构将通过开放合作，逐步形成以创新为优势的良性竞争及合作生态。

(3) 加强组织架构及绩效方面的配套支撑，以有效支撑数字化转型。数字化转型不仅是业务模式和科技的转型，同时需要自上而下通过组织赋能、绩效考核建设等配套支撑体系建设，支持整体数字化改革。

第二章 他山之石：国际证券公司数字化转型的实践与经验启示

（二）国际领先证券公司危机中思变寻求数字化增长点

1. 祸福相依，百年投行危机中的数字化转型

某证券公司始创于1869年，作为具有全球领导地位的大型投资银行，其业务主要包括投资银行、证券和投资管理服务，客户范围覆盖世界各地的不同行业，主要面向企业、金融机构、政府和高净值客户。在2008年金融危机后，受《多德—弗兰克法案》(Dodd–Frank Act)和《沃尔克法则》(Volcker Rule)影响，该证券公司在被要求维持更高的资本比率的同时被限制开展自营业务，对其业务造成巨大冲击。2011年金融危机结束时，该公司营业收入和税前收益相较危机前的2007年分别下降了37%和65%。为应对全新的监管及市场环境，该公司开启了全方位的数字化转型。

2. 效率提升，科技助力传统业务

该公司通过数字化技术赋能诸多传统业务，提升工作效率。在交易业务中，在强大的工程师团队的支持下，如今该证券公司的日常交易已基本实现全自动化，在大幅提升工作效率的同时节省了大量人力成本。在投行业务中，使用Deallink平台将IPO业务按业务流程拆解为一百多项子流程，超过50%的业务流程实现自动化；使用Reorg Research平台将尽调查询自动化。在并购业务中，使用机器学习分析现有的监管文件，实现对客户与股东间复杂关系的快速梳理。

3. 科技支撑，探索零售银行全新业务领域

在对传统投行业务的监管日趋严格后，试图重塑收入结构的该

公司将目光放在了商业银行领域。在对10000名消费者进行采访调研后，该公司加快了向零售市场的开拓步伐，于2016年推出了在线消费贷款平台Marcus，为零售客户提供灵活、个性化的在线存贷款服务。Marcus平台拥有开放API设计，通过灵活、可插拔的中间件系统，使内部开发和外部采购的功能模块相得益彰，借此实现无人工干预的全自动线上交易。借助该公司的品牌加持，Marcus一经上线就反响热烈，在8个月内就向零售客户借出10亿美元，超出Lending Club、AVANT等知名借贷平台。Marcus的成功使该公司的资金来源更加多样化，在提升流动性水平的同时增加了业务收入。

4. 开放分享，科技输出赋能其他机构

在雄厚的科技积累之后，该公司开始探索技术输出，通过向机构提供SaaS、PaaS(Platform as a Service)，赋能机构客户，意图在强化客户关系的同时，开拓挖掘更多潜在业务。

在过去数十年间，该公司内部将SecDB (Securities DataBase)作为风险管理与股价分析的主要工具。该公司将为对外赋能打造科技产品，建立Marquee平台，供机构客户通过Web登陆或API接入使用。Marquee可以提供的工具应用包括：GS Market(提供全球股票、期货、外汇、债券、利率互换价格及投研服务)、SIMON(结构化票据产品投资与交易市场平台)、Marquee Trader(外汇期货电子交易平台)、Trade Tracker(市场监测及实时仓位调整工具)及Strategy Studio(跨资产类型策略投资工具)。以SIMON平台为例，该平台可以帮助投资顾问公司与中小经纪商查询结构化投资、进行风险评估并完成交易，可选投资标的更加多元。该平台一经上线，当年代理客户资产规模便突破2万亿美元，次年交易量较当年增长

第二章 他山之石：国际证券公司数字化转型的实践与经验启示

了3倍以上。Marquee的市场化，建立了一个以该公司为中心的生态圈，帮助机构与投行实现互利共赢。

在Marquee之外，该公司还联合多家知名金融机构打造基于"云端"的即时通信平台——Symphony，尝试建立属于自身的信息互联体系。目前Symphony已连接几十家机构投资者，覆盖超过数十万用户，从最初企业内部即时通信，发展到如今整合了道琼斯、FactSet、路透社和标准普尔等公司的服务作为附加功能，并为用户提供机器人助理服务，进而实现更加高效、安全的沟通。某证券公司通过Symphony正试图打破Bloomberg终端在金融信息市场的垄断，作为一个全新的行业分发平台，在机构、客户之间建立安全及时的沟通、定价、报价通道，串联起华尔街乃至整个金融业。

5. 多头并进，助力自身科技发展

在企业内部加快数字化布局的同时，该公司投资和收购了大量中小型金融科技企业。依据CB insights数据显示，从2016年到2021年底，该公司完成对39家企业的收购，而投资的科技、金融、软件、硬件、电子、通信类企业数量高达253家。这些收购与投资对其本身数字化业务布局起到了至关重要的推动作用。例如：该公司收购GE Capital Bank的存款业务及网银技术帮助自身GS Bank业务拓展，而后该公司将GS Bank的存款业务转移到网络平台Marcus，增加其客户和存款数量。该公司之后相继收购Final(信用卡公司)、Clarity Money(个人财务分析公司)及Bond Street(在线贷款平台)，为Marcus提供更多的技术与业务支持。Final可以为客户提供反欺诈和防盗窃的数字信用卡，而Clarity Money可以为客户提供简单、透明的个性化储蓄和借贷产品。正是借助一系列市场收购形成的强大

的协同效应，Marcus才能取得成功。

某证券公司与大型科技公司关系同样十分密切，不但通过定期举办金融科技峰会，邀请Google、苹果等国际科技巨头分享前沿研究成果，更是借助亚马逊AWS的云服务，成功将证券数据库迁移到AWS的托管数据库服务器中。借助"云端"系统为客户提供新产品和服务，大幅提升交付能力。除此之外，该机构使用亚马逊AWS作为底层架构与苹果合作推出的Apple Card也成了市场上的明星产品。

6. 纳士招贤，围绕科技打造最新架构与人才战略

2016年，该公司内部成立了Digital Strategy Group，一个由多个业务部门负责人构成的高层委员会，以确保科技战略计划的协调和实施。技术部下设多个二级部门，做到每一个前台一级部门都有其背后的技术支持二级部门。这样的组织架构使得业务部门与技术部门配合更加敏捷，一对一的适配极大地提升了前台的灵活性。

公开数据显示，截至2020年底，该公司在全球拥有40500名员工，其中科技相关人员数量约15000名，占员工总数的37.1%。正是这些众多的高质量科技人才为该集团的科技转型奠定了厚重的基石。

（三）特色型互联网券商，打造O2O财富管理新模式

某互联网证券公司成立于1971年，以线下低廉折扣佣金业务起家，经线上与线下协同布局，如今已经逐步发展成为混业经营的综

第二章 他山之石：国际证券公司数字化转型的实践与经验启示

合型金融服务商。该公司通过低佣金、高性价比的综合财富管理服务做大客户流量与资产规模，采取特色券商的策略，始终以科技创新为引领，以差异化创新产品为特色，以O2O业务模式布局，为长尾客群及中小企业客户提供创新服务，与全能券商进行差异化竞争。

1. 利用互联网线上平台及差异化创新产品打开市场

该公司始终聚焦创新平台产品的开发，通过产品超市、交易平台与增值服务打开市场。首先，该公司于1992年推出OneSource平台——共同基金超市，销售公司自营和第三方公司提供的投资产品。通过定性及量化分析，每季度挑选约2100只产品，为客户提供免佣金的丰富产品选择，以低价产品平台吸引获取客户资源。其次，该公司重金打造互联网在线交易系统，于1996年推出线上交易平台，通过自行发行和管理不同ETF(Exchange Traded Fund)，提供平台上交易和清算全产业链服务。在此平台基础上，该公司打造投顾平台RIA(Rich Internet Applications)线上平台，开放对接第三方投顾，通过平台化的方式吸引超过7500名独立投资顾问为客户提供专业的投顾服务。此外，该公司开发智能投顾等增值服务，于2015年上线机器人投顾产品"智能组合"，以低投资门槛、低服务费为普通大众提供资产配置，辅助传统投资顾问更好地为客户提供服务。其中针对退休账户及税务账户管理还在线配有认证财务规划师(Certified Financial Planner，CFP)，为客户进行开户规划及后续24×7在线服务。该公司通过互联网布局，使公司整体业绩突飞猛进。

2. 线上与线下业务结合，打造O2O业务模式

该公司打造互联网与传统线下结合的O2O商业模式。线上依托创新产品与渠道布局形成良好的线上平台基础。在产品上，依托公司自行研发的线上OneSource销售平台、RIA、智能投顾等创新科技产品吸引客户；在渠道上，该公司全方位开发布局移动端应用，适配手机、Kindle等各类移动设备，使客户能够根据自己的偏好选择服务。线下则依托传统网点与人工投顾拓展高净值客户，该公司的线下实体网点布局覆盖培育了深厚的客户基础。近年来，该公司还加强独立顾问网络建设，联合200多家独立理财咨询机构，为高净值客户提供一对一的定制化咨询服务。

通过线上与线下的业务协同，该公司为客户提供端到端的综合服务，实现资产管理规模的大幅增长。截至2020年末，公司的资产规模达到5490亿美元，管理6.69万亿美元的客户资产，拥有2960万个活跃经纪账户、210万个企业养老金计划参与者和150万个银行账户[①]。

对国内券商数字化的启示有以下三点。

(1) 国内中小型券商在发展金融科技时需要时刻聚焦资源，找到符合自身商业模式的数字化转型路径。该公司将创新的金融科技和能力作为自身的核心竞争力，专注于以创新的金融产品打造自身商业模式。

(2) 发展线上业务依靠科技驱动与产品创新。线上财富管理的基础是提升科技实力、大数据分析能力及投资策略模型开发能力，国内券商需加大科技投入，以产品平台创新、移动端的渠道创新为抓

---

① The Charles Schwab Corporation. Charles Schwab 2019 年度报告 [R/OL]. [2019-03-20].

手,加快财富管理数字化转型。

(3) 加强线上与线下的渠道协同与整合能力,思考O2O财富管理模式。国内券商可以充分发挥线下实体网点和分公司的布局优势,作为业务发展的强大基础,与线上平台、金融产品及服务创新协同,共同提升客户体验。

(四)金融科技公司,开发自动化智能投顾平台

某金融科技公司于2008年成立,是第一家通过自动化在线服务为客户进行资产管理的投资理财公司,也是国际上最大、增长最快的智能投顾金融科技公司之一。作为独立的智能投顾公司,其采取全线上化的服务模式,以智能投顾产品吸引大众客户,对外通过与场景、机构合作,通过扩大应用场景促进客户增长,提升市场规模。据智能投顾评价网站Robo-Advisor Pros披露的数据显示,截至2021年5月,该公司管理资产规模为267亿美元。

1. 智能便捷、低门槛的自动化智能投顾平台

该公司专注于以用户目标为导向,帮助用户实现投资目标下的自助操作。用户可以在公司的系统上同时设立多个投资目标,以满足自身多维度的需求;系统在对这些目标进行评估后,综合考虑用户的收入、年龄、家庭状况、风险承受能力等多维度因素,推出基于互联网技术与算法的最优投资组合建议。

在客户定位上,公司与传统券商展开差异化竞争,以低门槛、有针对性的产品服务大众与年轻客群。公司智能投顾平台服

务无资金门槛，仅收取年交易手续费，且佣金率与互联网券商相比属于行业最低。其次，在产品设置上，为满足年轻一代群体的价值需求，公司推出社会责任相关投资组合Socially Responsible Investing(SRI)，投资为环境、社会、政府的可持续发展做出贡献的公司，有针对性地满足客户需求。

该公司的智能投顾服务是"自动化智能咨询+人工服务"有效结合的服务。与其他智能投顾公司如Wealthfront相比，用户可以在App端直接享受一对一线上投资顾问的实时咨询。在纯数字化智能投顾基础版本之外，该公司的智能投顾尊享版逐步加大人工服务力度，通过人工咨询，为用户提供线上实时咨询，给予定制需求如退休账户、股票、其他生活方面的信息咨询、帮助与支持。

2. 积极通过对外合作，扩大数据与应用场景

To C端通过与机构客户开展合作，以B to C的形式拓展场景，批量获取零售客户。2016年，该公司与Uber合作，为司机提供退休账户的资产管理服务。公司以场景切入，扩大客户基数，以多样化的服务形式获取海量数据资产。

除了To C模式，公司以服务B端机构平台积累数据来源，扩大应用场景。该公司通过与财富管理机构合作，输出B端智能创新产品，为机构客户提供智能投顾工具。2014年，公司与Fidelity合作，为Fidelity注册投资顾问提供自动化的智能投顾工具；同时与先锋和高盛合作，丰富投资组合选择建议。工具将帮助投资顾问中、后台业务实现运营自动化、流程简单化，使投资顾问远离复杂、重复的手工文件与报告整理，更多地关注服务客户本身，通过辅助投

第二章 他山之石:国际证券公司数字化转型的实践与经验启示

资顾问跟踪并提升客户的资产组合,提升投顾服务的流畅性。该公司通过 To B 模式,以智能化投顾产品优化金融机构投资顾问的服务能力,实现公司跨越式增长。

对国内券商数字化的启示有以下三点。

(1) 大力发展金融科技,加大智能投顾领域的投入,提升客户引流能力。一方面这将提升存量客户的客户体验,另一方面证券公司通过智能投顾服务长尾客户,提高服务客户的覆盖范围,是批量获取长尾客户最为有效的手段。

(2) 加强智能工具的使用,提高员工后台的工作效率,以更好地服务客户。运用科技化的平台与工具,简化投资顾问及员工烦琐的业务流程,通过数字化转型提升员工服务客户的水平。

(3) 加强与金融科技公司的生态合作,合作共赢,以科技塑造未来金融。金融科技公司与金融机构拥有各自优势和短板,开放合作逐渐紧密,国内券商可通过多场景积极开展合作,沉淀积累海量的客户数据,逐步实现从"业务数据化"向"数据业务化"的转型。

(五)东亚头部证券公司,持续加强技术平台建设

某证券公司于1925年在日本成立,是日本领先的金融服务集团之一。其客户包括个人、公司、金融机构和政府,主营业务包括零售业务、机构业务和资产管理业务。该证券公司年报中指出,公司战略注重金融科技发展,并持续加强技术平台建设。

该证券公司推动数字化主要分为以下三个方面:一是把金融科技作为公司未来战略的重要方向,针对不同业务分别实施科技创新

工作;二是持续维护并推进内部创新,加强企业竞争力;三是通过外部合作,为公司数字化推进提供支撑。

1. 定位金融科技发展战略,按业务分类定制数字化方案

公司专门设立子公司实施科技创新工作,为集团金融科技发展提供技术支持。根据零售和机构业务,加强和调整技术平台,以适应不同业务流程。

首先,在零售业务方面致力于改进基于互联网和智能手机的技术平台,针对零售业务,不仅与拥有日韩最大用户群体的互联网社交软件Line达成协作,还通过改善数字基础设施优化了其零售客户端界面。通过社交应用,帮助公司以极低的成本获客。改善数字基础设施,搭建多功能客户端界面,包含电话、电子邮件、在线服务、会议系统等功能,极大地便利了向客户提供服务的过程[①]。

其次,在机构业务中,该公司于2020年6月启动了针对机构客户的金融机构数字资产货币托管公司,以扩大公司的数字资产覆盖范围,发挥数字价值。该证券公司的数字货币监管体系帮助公司实现风险管控,从而达到赋能金融机构的目的,通过区块链技术数字化发行,助力债券或股票等传统资产,进而降低企业成本,简化流程,实现风险管控。该证券公司通过金融科技技术,使用人工智能和数据科学来分析包括客户流和市场数据在内的大量高频历史和实时数据,并借此为用户提供报价和建议。

最后,在财富管理领域,该公司以智能顾问代替人工服务,通过快速输出投资决策提高服务效率,提升客户服务质量和用户体

---

① 李智慧. 日本金融科技是制度先行而非技术先行[C/OL]. 金融科技发展论坛,[2019-03-23].

验。公司于2016年11月推出了Goal-Based智能投顾，通过人工智能技术和大数据提高数据质量，找到有效数据，提供精准服务。

2. 持续维护并推进内部金融科技创新

该公司综合研究所指出，公司的业务战略重点之一为持续推进内部创新。通过组织金融技术专题研究，汇聚全球金融技术领域的专家，探讨公司在国际市场的科技转型和投资银行业务。例如，公司重点研究如何将量子计算机应用于金融领域。

同时，公司利用区块链技术提高业务流程的操作效率和安全性，成功简化跨境交换协议中的复杂交易系统，满足对大量数据处理的需求，提升运营效率。

3. 外部合作为公司数字化创新提供有效支撑

该公司通过与外部金融科技和信息科技公司的合作，推进数字化进程。公司与区块链安全公司Ledger及数字资产管理机构CoinShares合作，推出面向机构的加密货币托管服务；在新加坡推出电子外汇定价和交易引擎，加强了新加坡作为主要交易和企业资金中心的地位，完善其外汇电子交易生态系统的市场参与者构成；在对外投资方面，包括投资名为AIM(结合数据科学和机器学习来开发投资策略)的金融业人工智能解决方案提供商；投资泰国金融科技创企Omise Holdings；与Line合作进一步开发区块链技术。

对国内券商数字化转型的启示有以下三点。

(1) 根据不同业务有侧重地实施金融科技技术，提供金融服务。以客户为中心，机构业务可以作为重点开展领域。通过与现有平台的合作，在实现降低成本的同时，增加获客，提升业务效率。

(2) 坚持落实内部创新，建立专项课题研究，维持并加强与行业专家深度沟通，持续推进企业内部技术创新。通过专项课题研究，鼓励公司信息化转型，利用数字化技术实施并改进内部流程，推动敏捷创新流程，提升运营效率。

(3) 通过外部投资，利用外部合作加快技术创新的速度，实现合作共赢。对于非核心能力，应该充分利用外部力量，以最快的速度补齐能力短板，为自身发展建设共赢互利的生态体系。

（六）北美资产管理公司，积极自建开发信息技术平台

某资产管理公司是一家以投融资和基金管理为基础的多元化国际企业集团，集国际贸易和投资银行业务于一体。凭借雄厚的经济实力、丰富的金融运营经验和优秀的专业人才，集团公司在世界各地建立了多家分支机构、数百家合资企业和全资企业，与嘉信公司、德意志商业银行等全球500强企业达成合作关系，面向本土及全球客户提供优质、专业的创新服务。

该公司在数字化转型中的三个关键为：完成自动化，信息技术由外包转向自建开发；实施数字驱动战略，满足客户个性化需求；使用测试学习战略，持续测试、优化、改进公司业务流程。

1. 由外包转向自建开发，探索企业级DevOps（Development & Operations）策略

在银行业的数字化趋势下，该公司将软件开发技术由外包转型为自建，由内部技术团队优化软件开发的构建流程，提升企业构建流程的效率。搭建DevOps框架，涵盖业务、开发、运维和信息安全

第二章 他山之石：国际证券公司数字化转型的实践与经验启示

策略。业务、开发和IT运营部门之间的协作通过DevOps软件实现精简敏捷地交付，将开发、运营和测试业务整合，提高敏捷性，缩短解决客户反馈所需的时间。

在DevOps框架下，该公司开始发展搭建和管理云端服务器。于2016年实现了开发、测试和生产环境均在云端完成。基于云服务商提供的托管服务实现事件驱动架构，构建无服务器的流解决方案。利用APIs和微服务交付与部署软件以支撑每年数十亿的客户交易。在云中完成公司绝大多数的运营和面向客户的应用程序部署，利用云计算技术为客户提供职能体验。

同时大量采用开源工具，实施开源第一策略。加入开源社区以提升代码质量，使用Spark满足大量数据处理的需求，进一步维护和升级DevOps框架。

2. 数字化战略驱动，提供定制化服务

该公司在大数据发展背景下，采用数字驱动战略，利用数据驱动个性化产品服务和大数据技术，巩固其差异化客户策略优势。

2002年，该公司推出了"数字驱动战略"。每年8万个以上的大数据实验分析，为其信息决策战略提供有效支持。企业的用户营销、产品匹配、风控系统、门店经营等环节全部是由数据驱动和大数据技术完成。

同时，通过信用卡交易数据和机器学习，该公司可以为客户提供实时和智能的金融服务解决方案。客户的信用卡账户会关联特定商家，为其安全地进行网上购物提供保障，并自动搜索互联网上最优价格和在线优惠券，提升用户体验。如通过Amazon的Alexa虚拟

助理实现了语音控制的金融服务交易。

IBS(Integrated Branch System)的应用帮助该资管公司在客户获取、激活、产品组合管理及客户挽留方面取得了巨大成功，实现客户的差异化策略。

3. 测试学习战略，向客户精准推送产品

该公司基于产品构想、数据获取、产品测试、方案调整和产品发布的流程，为企业设计合理的营销方案，帮助企业精准推送，在恰当的时间，以适当的价格向目标客户推出合适的产品，并对产品设计、营销方式、市场潜力和商业模式进行测试。另一方面，公司可以预测客户的决策行为，帮助公司对市场做出快速反应，占据主动权。

同时，该公司依据大量征信数据、平台沉淀的用户数据、用户以往的个人行为和违约记录，制定用户风险决策并建立识别模型，达到风险前置的目的，如高风险用户无法看到公司的营销广告等。公司的逾期率和不良率均远低于行业平均水平，说明测试学习战略帮助建立的风控体系可以降低企业风险敞口，更好地进行风险管理，提高核销率，降低不良率，保持较高的盈利水平。

对国内券商数字化转型的启示有以下三点。

(1) 企业应当提高对信息技术自建开发的关注，提升开发运营流程的效率，促进敏捷协作，加强对流程反馈的处理。自建开发能最大限度地有效融合办公流程及业务流程，实现端到端连接，促进中、后台组织的高效运转，有效去除重复性高及附加值低的操作流程，加强业务及管理融合。

(2) 利用大数据分析帮助企业决策，提供实时、智能的用户体

验,实现精细化运营。结合大数据分析,通过对数据的挖掘,能有效提升海量数据转化为高质量数据资产的能力,为客户提供定制化和智能化的产品服务,同时能有效结合战略的发展方向,为经营决策、业务拓展、服务优化等提供有效支撑。

(3) 在已经建立的数字化框架下,持续完善测试、机器学习,进一步加强软件维护和创新,建设DevOps文化。在数字时代大环境下,业务迭代迅速,技术更新加快,数字化转型的能力需要不断地累积及提升,才能有效支撑业务的可持续发展,同时也为中长期战略发展及数字化转型的一致性提供了有效支撑。

三、国际证券公司数字化转型成功要素分析

1. 坚定数字化转型的战略高度,保持持之以恒的科技投入

海外领先的证券公司在早期即将数字化转型的概念提至集团战略层面,如摩根大通推行"移动第一,数字渗透(Mobile First, Digital Everywhere)"的数字化战略,高盛将公司定位为"华尔街的谷歌"等,这些均体现了海外领先券商投身数字化转型的决心。此种自上而下、由顶到底的战略意志保障了公司的数字化转型进程拥有源源不断的资源输入,头部海外券商每年在科技领域投入高达十亿甚至百亿美元,使得其在布局前沿科技、吸纳科技人才时从容有度,同时充沛的科技预算也提升了数字化转型的容错能力,为真正的科技创新提供了更广阔的发展空间。经过数字化领域的多年深

耕与尝试，科技能力已从支撑业务发展向引领业务发展的定位转变，领先的海外券商作为"第一个吃螃蟹的人"，充分享受到了数字化转型带来的红利。

2. 依托数字化实现业务贯通，提升公司的协同服务能力

领先的海外券商基于较高的数据治理水平，构建数据共享、业务贯通的数字化平台，一方面可以集成全公司各条线的业务能力，提供一站式的综合金融解决方案，满足客户多元的金融需求；另一方面，平台以统一口径归集客户行为数据，助力公司深度塑造客户画像，深入挖掘客户潜在需求，进而触发更多的业务机会。依托灵活高效、快速响应的数字化手段，海外领先券商在开展业务时形成了"客户需求带动业务发展，业务深耕培育客户需求"的良性循环，真正践行了"以客户为中心"的宗旨，形成了公司陪伴客户成长的良好生态。

3. 投行数字化提升投研能力

引领数据应用是国际投行数字化战略的发展重点，比如，其正在探索通过对文本信息情绪分析、搜索数据、卫星数据等非传统数据的采集和分析，获取超额收益。以文本信息为例，通过算法"阅读"每个季度电话财务报告记录稿，将非结构化的文本信息和语音信息转化为数据形式，并通过情绪甄别模型判断公司高管对未来发展的信心。凭借更快的信息获取速度、新的获取方式与解读方式，智能投研技术帮助投行占领信息高地，借此获得成功。

第二章 他山之石：国际证券公司数字化转型的实践与经验启示

4. 量化分析赋能风控

某全球领先投行机构建立了独立的量化风险分析职能组织，以精细化的量化工具对投资风险进行精密的监控，全方位地覆盖各类资产、各种不同风险类型的敞口，对市场风险、交易对手信用风险、流动性风险、金融资产估值风险、全球敞口风险及杠杆风险等六大类风险，建立了实时的、基于量化指标的风险监控体系。与此同时，凭借更加精细的风险管理，领先机构可以建立更加精准的定价体系，帮助自身在资本市场及做市商市场内取得定价优势。

5. 大力培养数字化人才，提升组织数商

专业人才培养与组织能力提升是数字化转型的基础。某全球领先资管机构投入大量资源培养数字化专业人才，其全球27%的人才为科技数据人才，总数高达3700人。为了吸引数字化人才，该机构还建立了独特的人才价值主张，建立了专门的员工技术学院，为员工提供提升数字化技能的学习平台，并在公司范围举行黑客马拉松比赛，为员工提供开放平台，将创新想法付诸实践，营造创新的文化氛围。

6. 收购金融科技公司，获取核心技术和解决方案

某全球领先资管机构通过收购建立新兴领域技术能力，扩展平台技术能力。例如，其通过收购一家银行科技服务提供商，获取银行现金与流动性管理技术能力；通过收购一家智能投顾解决方案公司，获取服务财务顾问的能力；通过收购一家私募与另类服务解决方案提供商，获取另类资产系统平台能力等。

第三章

本土实践：国内证券公司数字化转型的探索与实践

随着数字新兴技术的应用日益广泛，各类市场主体均将数字化作为发展的重中之重。作为资本市场数字化转型的主力军，证券公司等中介机构近年来持续加大科技投入，优化组织结构和人才体系，制定具有自身特色的战略规划，积极探索数字化转型路径。

本章首先基于金融科技调研的结果，总结我国证券公司数字化转型的整体情况。大部分证券公司都在跟进数字化转型脚步，但受建设规划和研发投资比例影响，此项工作的落实仍存在不足。二是归纳国内证券公司战略规划共通点，使用雷达图全面评估国内证券公司在数字化转型中对价值的不同定位及重要性的排序。三是深度剖析国内证券公司在数字化转型中在组织结构方面的痛点及其成因。除组织结构外，国内证券行业还面临着业务同质化严重、行业面临颠覆性变革等问题。最后从数据体系建设与底层功能两个角度出发，基于数字化展业的核心障碍，提炼出提升数字化能力的关键要素。

一、国内证券公司数字化转型调研的整体情况

在数字化时代，证券公司面临着不断重构的商业模式、快速演变的客户行为、逐渐成熟的监管环境、日新月异的金融科技，以及前所未有的激烈竞争。在上述多维驱动因素的影响下，证券公司数字化转型的序幕逐步拉开。

调研组2020年对证券公司的数字化转型整体情况进行了调查研究，调研对象包括在数字化转型方面具有领先经验的证券行业头部机构，调研样本覆盖半数2019年资产规模排名前20的券商，总资产规模占行业整体近四成，代表了国内证券行业的较高水准，分析结论具有一定的代表性和典型性。本次调研从数字化水平、战略性布局和规划、组织人才、数字化应用与信息系统建设五个维度出发，力图全面衡量我国证券业在数字化转型过程中的目标、路径与共性痛点。

1. 数字化水平

在本次调研所收集的深度访谈记录和问卷调研中可以发现，大量的头部券商正在积极制定新的数字化转型行动方针，数字化转型已经成为券商行业的共识。目前各方的核心着眼点已经从要不要做数字化转型，转向如何在本公司有效落实数字化转型，并且实现数字化转型的真正的价值。

第三章 本土实践：国内证券公司数字化转型的探索与实践

目前国内大部分证券公司的数字化转型实践仍处于较为初级的阶段，我国证券行业在数字化建设方面的投入与境内外金融同业间尚存在较大差距。首先，我国证券行业在信息技术投入方面的力度相较银行、保险等其他金融机构稍显不足，部分证券公司的信息技术无法支持科技创新，仅限于覆盖正常的运维成本。数据显示，2019年我国银行业信息技术投入1730亿元，保险业信息技术投入330亿元，分别是证券行业信息技术投入的8.44倍、1.61倍(见图3-1)[①]。

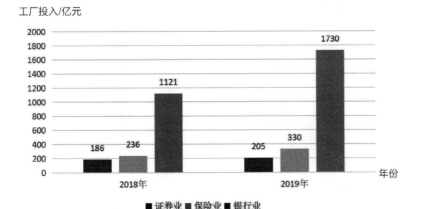

图3-1　我国证券行业与银行业、保险业IT投入对比情况

资料来源：中国证券业协会.关于推进证券行业数字化转型发展的研究报告[R/OL].中国证券报·中证网，2020[2020-08-21].

其次，提及数字化转型的概念，国际上的领先公司已经先行一步，对金融科技的应用已经成为其标准配置。而国内大部分券商的

---
① 中国证券业协会.关于推进证券行业数字化转型发展的研究报告[R/OL].中国证券报·中证网，2020[2020-08-21].

数字化革新仅仅是将线下模式搬到线上，或实现分散的数字化应用场景的"点状发展"。除此之外，虽然我国头部券商在利用互联网思维服务终端客户上已积累了一定优势，但是和国外的券商公司相比，在信息基础设施的内部改造上依然差距明显。2019年，摩根大通、花旗集团信息技术投入分别折合人民币为685.13亿元、493.71亿元，占上年度营业收入的9.01%、9.71%，是我国证券全行业信息技术投入的3.34倍、2.41倍[①]（见图3-2）。

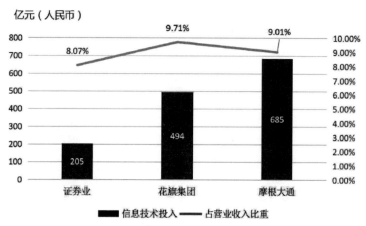

图3-2　2019年我国证券行业与国际投行同业IT投入对比情况

资料来源：中国证券业协会.关于推进证券行业数字化转型发展的研究报告[R/OL].中国证券报·中证网，2020[2020-08-21].

头部券商与中小券商分化严重，数字化转型的进程、深度与广度将推动证券公司走向差异化发展。受市场整体环境影响，中国证券业营业收入自2015年至2018年表现出明显的下降趋势，利润率

---

① 中国证券业协会.关于推进证券行业数字化转型发展的研究报告[R/OL].中国证券报·中证网，2020[2020-08-21].

第三章 本土实践：国内证券公司数字化转型的探索与实践

显著下滑，行业集中度则持续上升，而2019年以来中国证券业营业收入有了较大幅度的回升。对于中小券商而言，小而全、低价格的原有发展模式难以为继，面临更为迫切的转型发展之痛。自2017年以来证券行业对信息技术的投入力度呈稳步增长之势，根据中国证券业协会统计数据，2020年证券行业信息技术投入的规模已经达到262.87亿元，信息技术投入平均数为2.58亿元，达到行业平均值的有23家公司，投入4亿美元以上的券商有19家(见图3-3)[①]。头部券商与中小券商资金投入极不均衡，头部券商拥有更强大的科技投入能力、客户来源与资金实力，这些因素预计将会进一步强化头部券商的核心竞争优势，分化趋势将越发明显。

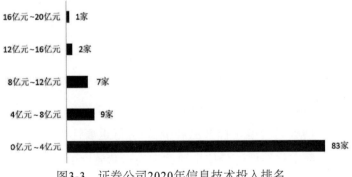

图3-3　证券公司2020年信息技术投入排名

资料来源：中国证券业协会.关于推进证券行业数字化转型发展的研究报告[R/OL].中国证券报·中证网，2020[2020-08-21].

---

① 中国证券业协会.关于推进证券行业数字化转型发展的研究报告[R/OL].中国证券报·中证网，2020[2020-08-21].

2. 战略性布局和规划

突破传统商业模式，主动提升数字化资产、运营、业务价值，努力实现战略带动效应，已成为众多领先证券公司的共识。在对证券公司和机构的调查采访中，**88%**的机构表示数字化转型及金融科技的运用对于公司未来的发展"非常重要且较为急迫"，并且已明确将数字化转型目标和路径纳入公司整体的发展战略。一部分机构虽未在顶层设计层面对数字化转型的方向与框架进行定义，但也紧随市场趋势，在业务运用与技术开发层面开展自下而上的迭代创新。

在用户、监管、技术、产品和渠道，以及市场竞争等内外部因素影响下，国内券商数字化转型的价值定位从运营价值向经营价值和战略价值扩展。结合对多家受访机构的调研，通过对证券公司数字化转型3大价值定位(运营价值、经营价值、战略价值)、9大价值维度(提升运营效率、降低运营和人工成本、加强风控和安全、创新收入来源、开发新产品和服务、提升客户满意度、数据赋能决策支持、推动战略转型、提升品牌价值)进行重要性排序(见图3-4)，发现过去数字化转型的价值主要体现为运营效率的改进与获客渠道的线上化迁移。现如今，提升运营效率，降低成本仍然是转型过程中核心关注的要点，但越来越多的头部机构开始重视数字化转型在"推动战略转型"及"提升客户满意度"层面的价值，而"数据赋能决策支持"及"创新收入来源"方面的价值也开始逐渐显现。数字化转型已经开始从单一产品和技术的运用，转向商业模式重塑与组织战略层面的改造。

第三章 本土实践：国内证券公司数字化转型的探索与实践

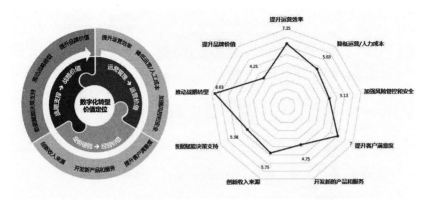

图3-4 国内证券公司数字化转型的价值定位与重要性排序

3. 组织人才

数字化时代意味着证券公司逐渐以用户需求为驱动而不是以产品为驱动开展经营活动，这就要求企业组织能否基于市场的变化和需求建立快速的反馈机制，减少无效的中间环节。以参与本次调研的大部分领先机构的数字化转型经验为借鉴，缺少合理的组织架构和创新型人才往往是数字化转型过程中面临的共性痛点。

从各领先机构应对上述问题采用的主要措施来看，高层挂帅(超过90%的领先机构)、敏捷组织(约63%的领先机构)、专职专责(约63%的领先机构)是大部分机构的首选解决方案。同时也反映出对数字化转型机制配套的制度保障(不足25%的领先机构)，以及考核驱动下的绩效考核方案(不足25%的领先机构)设计仍待完善(见图3-5)。

通过进一步调研发现，大部分证券公司未将数字化转型列入考核指标，并且缺失配套机制，主要归因于以下三点。

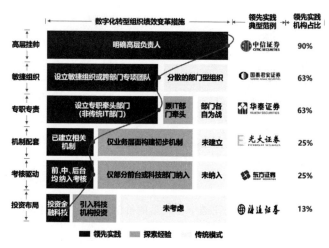

图3-5 领先机构在数字化转型过程中组织绩效变革措施与已实施公司占比

(1) 大部分证券公司对数字化转型的定位以赋能、优化为核心，因此往往从流程优化、数据治理、平台规划等方面切入，上述转型切入点对业务创收的贡献难以直接显现，与公司整体以创收业绩为主导的考核激励体系难以直接挂钩。

(2) 经营绩效与数字化的量化标准难以统一。

(3) 传统组织结构与机制体制，与数字化转型对组织柔性、敏捷、扁平化的要求难以自洽。

当前证券公司的考核指标主要关注业务增长这一领域，并没有将数字化转型列为考核激励的项目，但各证券公司对其的关注程度正在呈现增长态势。

4. 数字化应用

经历了上一轮资本市场的行业低谷，我国证券行业正面临费率触底、通道业务收缩、同质化竞争激烈等问题。为了寻求新的增长

第三章 本土实践：国内证券公司数字化转型的探索与实践

点，行业分化趋势日益明显，同时数字化和金融科技的发展带来行业颠覆性的变革，使得大量证券公司面临重新转换赛道的机会。

国内证券公司当下踏着与成熟市场证券公司数字化转型相似的步调，处于以财富管理、投行、交易金融等业务为切入点，从前台带动中、后台转型，从单一业务转向投行数字化、智能投顾、数据中台等多元业务发展的过渡阶段。对国内领先券商数字化转型实践的调研显示，财富管理业务、资管业务、自营业务、研究所业务与运营维护是数字化转型的主要实践领域。其中财富管理业务的数字化转型成熟度最高、应用范围最广，是数字化能力构建的关键，也是券商业务模式重构与分化的主战场(见图3-6)。但大部分数字化转型的功能实现仍主要集中于财富管理服务的线上化迁移，以及成本效率的优化，尚未对现有的商业模式带来颠覆性的改变(见图3-7)。

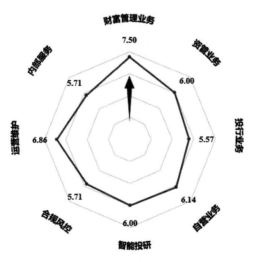

图3-6 国内券商领域数字化转型成熟度分析

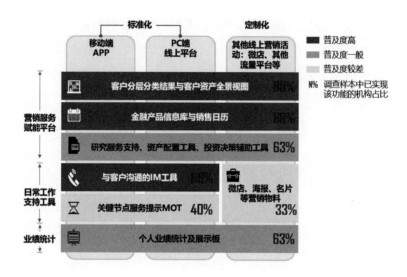

图3-7　国内领先券商财富管理业务数字化、线上化展业平台与功能分类

以数据为核心驱动，向多点、全链路自动化、智能化进阶的数字化转型模式正在启动。在数字化转型发展的过程中，绝大部分领先机构已经可以熟练运用云计算、大数据、生物识别等技术，完成集基于客户数据的采集、存储、调度、查询、交换、计算等功能于一体的底层数据平台，并向以大数据为支撑的数据中台、运营中台、营销中台发展，借助多种数据资产与创新技术相互融合，推动整体业务革新(见图3-8)。但在从数字化向自动化和智能化发展的过程中，目前对人工智能等相关技术的运用尚浅，未被充分开发。未来随着智能分析技术在搜索和信息抓取方面效率的逐步提高，利用虚拟网络深度探索数据并借助机器学习算法构建智能预测模型技术运用的逐渐成熟，将推动证券行业实现客户、场景、数据、产品的自动化联结和智能化匹配，形成以客户体验为中心，以数据为驱动的自动化、智能化新业务形态。

第三章 本土实践：国内证券公司数字化转型的探索与实践

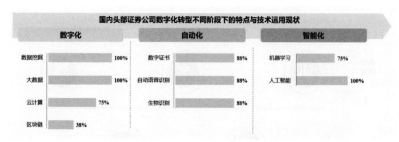

图3-8 国内领先券商通过金融科技创新推动数字化重塑

5. 信息系统建设

IT系统作为证券公司前、中、后台业务执行的载体，固化各项业务流程、机制和规则的重要工具，以及落地数据价值的核心，在数字化转型的过程中，需要从底层功能和技术的角度理解、运用和拥抱数字化技术革新与不断变革的业务逻辑。这要求证券公司在系统功能构建与营运的过程中，兼具技术的自主创新能力、创新技术的应用能力，以及创新技术与企业传统技术的整合能力。

此外，在数字化时代下，可获得的数据不是过少，而是过多，"信息大爆炸"在客观上需要证券公司快速提高其获取信息、分析处理并实现业务应用的能力，这要求证券公司明晰自身的数字化战略，并进行数据相关能力的建设，也需要以开放的态度与外部机构开展合作，构建开放化、平台化、生态化的全新数据获取与运用能力。

但在数字化转型的过程中，大部分证券公司的传统系统架构尚难以支撑业务、运营、风险等全方位数字化转型的需求。从数据体系建设与底层系统两个角度出发，主要体现为五大类核心障碍(见图3-9)。

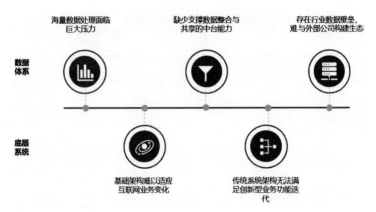

图3-9　券商传统信息系统难以满足数字化转型需求的核心障碍

通过调研发现，除了一些头部券商，目前我国多数券商的核心业务系统严重依赖代工开发，核心系统主要来自同几家供应商，产品同质化明显，较难支撑数字化转型过程中的差异化和创新需求。虽然大部分头部券商已经形成了以自主研发为主的系统构建能力，但在金融科技变革及与外部机构沟通方面，缺少及时、密切的联通合作，大部分信息技术水平呈现为业务改造相对滞后与发展迟缓的特点，目前鲜有与其他金融机构、场景提供方合作进行技术、数据、场景、生态的共建。

大部分领先机构已经充分认识到数据资产的价值，部分受访机构已初步实现并理顺数据集市、数据挖掘建模及数据实时监控和传送功能。几乎全部受访机构均将数据治理、数据中台建设及大数据分析能力的提升作为未来最重要、最迫切及投入资源的重点，并将数据质量及标准的梳理、数据治理组织和机制优化，以及系统间数据和信息流的打通作为数据能力提升的关键。

第三章 本土实践：国内证券公司数字化转型的探索与实践

二、国内证券公司数字化转型案例

（一）头部证券公司强化数字化战略思维，驱动金融服务创新

某证券公司积极推进数字化转型，在"十三五"期间以"统一管理、自主可控、融合业务、引领发展"科技方针为指引，建设了数智底座1.0版本。在"十四五"期间，全面开启"科技+数据+场景""三位一体"的2.0版本建设，以"敏捷化、平台化、智能化、生态化"实现数字目标，成为引领行业数字化转型的实践者和开拓者。

1. 重塑业务前台，金融科技全面赋能

作为行业内首家同时通过国际信息技术四大认证的证券公司，该证券公司深耕线上化服务，布局重塑各业务支线。在零售经纪业务领域，该公司自主研发一站式零售服务平台App。据统计，截至2022年6月，该App月活用户数超过550万，线上交易占比超过99.4%，已完成11次版本迭代。在机构经纪业务领域，该公司开发一站式智能交易平台，已累计服务超过550家客户，年交易量超过2.2万亿元。该平台集极速、热键、日内、套利、组合、算法、量化七大交易模块，支持TWAP(Time Weighted Average Price)、VWAP(Volume Weighted Average Price)、POV(Percent of Volume)等多种交易算法，为高净值客户提供专属算法交易服务。同时，该公司上线全功能机构服务平台，为资产管理人、私募基金管理人等

提供包括融券业务、金融产品、企业图谱、研究服务等功能。2022年7月，该证券公司正式发布机构交易服务品牌，连接财富管理和资产管理，为资产管理人提供高质量的综合化、专业化、定制化服务，整合联通公司内外部算法资源，满足客户的个性化需求。在投资银行业务领域，统一规划投行业务信息化建设，开展全周期电子化管理推动科技运维。该公司自研金融文本智能处理平台，利用人工智能助力科技大投行建设，辅助文档撰写和审核，全面实现底稿电子化。在股权投资业务领域，建立全面的投资管理平台和管理体系，基于"募、投、管、退"构建核心模块，通过数字化实现立项、尽调、投决的信息管理等功能，提升客户体验和业务精细化管理水平。

2. 坚持系统与数据协同，技术与数据双轮驱动

该证券公司数据中台建设践行数字化转型2.0战略，结合业务模式和组织架构逐步建成开放式数据生态，赋能公司数字化转型。根据"一个主线，两个引擎，五位一体"的指导思路，全面梳理公司的数据资产，赋能各个业务领域。其中，"一个主线"指的是以客户为中心，以数据为基础，以科技为驱动，全方位地梳理公司的数据资产，并将其融入各个业务领域；"两个引擎"是指数据经营和金融科技；"五位一体"指的是数据中台建设涵盖数据、技术、人员、服务、治理五个方面。

该公司挖掘高质量数据，完善数据治理工作，推动数据治理工作体系化和全面深入开展。首先，该公司基于数据管控平台，统一管理现有各条线数据指标，汇集内外部数据，并建立统一的企业级指标库，加强元数据和其他指标口径的质量管理，发现数据质量问

第三章 本土实践：国内证券公司数字化转型的探索与实践

题，支持数据标准的规范治理。其次完善数据治理，作为数据中台的保护机制，明确数据治理组织架构和管理机制，设立明确的岗位角色和权责，合规高效创造数据价值，从全局视角统领公司数据的管理工作，核心要素包括组织架构、数据需求、数据文化、数据标准等。最后，实现数据分类分级的统一管理，强化数据安全的管理工作，提升数据安全的管控能力。

3. 建设生态金融，实现科技创新合作共赢

该证券公司深化开放的生态战略，协同产融联动，目前已与超过一百家企业、高校研究所等达成合作，以服务接口构件化的方式提供业务场景、数据和针对性解决方案，融合金融场景和金融科技。与此同时，该公司遵循"投资+融资+保荐"的联动机制，全面赋能并升级合作模式，实现多方共赢。

该公司与互联网企业开展深度合作，创新证券领域数字化转型。例如，2020年与金融科技公司达成战略合作，双方在技术、产业、生态层面携手并进，实现资源共享、生态互补。一方面，互联网企业发挥自身在人工智能、大数据、区块链、云服务等方面的科技优势和数字价值，探索互联网证券业务的智能场景；另一方面，二者强强联合，提升金融服务质效，共同助力实体经济稳步发展。

（二）别开生面，全业务链券商首提"开放证券"

某证券公司作为走在数字化转型前沿的证券公司之一，数字化转型成果初露头角，这些成果不仅涉及公司内部数字化改革、金融科技创新升级，也有外部同业或合作伙伴的开放共享共创。下面将从以下三个方面观察其数字化转型的路径。

1. 全连接数字化智能运作平台建设，提升公司综合金融服务质量

该公司建设了全连接数字化智能运作平台，以"连接"为核心理念，以提升公司综合金融服务能力和数字化转型为导向，以平台化思维提升跨条线的业务运作和资源共享能力，对业务模式进行数字化再造，构建公司技术生态和应用生态，助推生态体系共建共享。

平台连接数据、系统和人员，通过整合集团范围内员工和用户数据，满足投顾、客户经理、人事、行政、财务等各类员工和管理人员的统一日常管理。贯通前、中、后台综合金融服务资源，特别针对财富管理、研究与机构、投行三大业务条线的客户服务体系进行系统融入，努力打通公司零售客户、机构客户、企业客户之间的信息壁垒，以客户为中心建立全生命周期管理流程。

全连接数字化智能运作平台通过组合App、VTM(Virtual Teller Machine)智能网点等前端客户服务渠道和中台客户服务体系、运营管理等系统，融合金融服务资源，协助分支机构一线展业人员、总部业务人员和客户服务人员及时感知客户动向，精准捕获客户服务的时间和场景，赋能业务人员加强与客户的互动，提升客户黏性。另外，平台基于DataOps(Data Operationalization)理念的数据治理与服务融合，形成自助式数据分析工具，将大数据分析更加便捷化，通过客户、业务、管理等方方面面数据的互联互通，实现"数据统一、模型统一、服务统一"的集团数据资产管理和开发。

第三章 本土实践：国内证券公司数字化转型的探索与实践

推出全新上线的"道合"App5.0版本，向全类型机构客户提供跨资产类别的全业务链线上服务，推动重塑一体化机构客户服务生态。公司持续推进并完善线上系统，建设的新一代低时延国产化核心交易系统能够实现关键指标委托上行时延低于2毫秒、吞吐量每秒45万笔、客户容量5千万户。

2. "数字化"提升集团协作效率及内部管理质量

公司积极推进多业务条线的进一步协作，推动各业务条线的数字孪生构建。应用信创产品，辅以云计算、大数据、人工智能等科技应用创新，提升员工的数字化理念创新，打造高效协同的数字职场，提升各级员工、总部与分支机构间的协同创作效率。

通过智能化技术的应用，公司推出企业微信、视频会议、在线文档、即时通信、IP电话连接等协同工具，将通信向云化、智能化发展，将线下督办管理方式逐步向线上化、双向化和数字化方向迁移。同时，不断推出移动展业、文件智能对比、智能语音打卡、落地语音转写、风险自动预警、舆情资讯等数字化协同工具，解放员工生产力，更多地将员工的注意力转移至业务创新。打造数字职场，构建员工职场、分支机构职场、管理职场等多个场景，支持自定义业务节点，赋能员工移动展业。汇聚数据和多维度量化指标，为各级管理者提供考核、分析、决策的一站式工作中心。

3. 全面数字化转型方案，创新发展理念，自主研发开放共享型技术生态

公司制定全面数字化转型的规划方案，以数字化转型为战略重点，创新发展理念，构建共建共享、自主研发的技术生态。2021年

公司发布了《全面数字化转型规划方案》，建立了转型推进组织架构，明确了工作机制要求，致力打造"SMART"投行。

公司创新提出业内首个"开放证券"的发展理念，旨在促进能力整合、构建价值共同体的平台化、生态化发展理念。从业务开放和技术开放两个方面落实开放与共享。在业务开放方面，公司推出的场外金融云业务，由公司的交易投资业务线联合外部金融机构共同打造，实现客户触达、业务融合和生态开放。在技术开放角度，公司通过外部联合实验室创新，在应用区块链及安全多方计算技术方面共同打造跨行业安全数据共享平台，赋能跨行业数据生态建设。

公司构建高度自主开发的开放共享型技术生态，主要通过打造一体化技术架构和组件化、微服务的共享业务技术中台实现。新增统一开发框架、个性化门户等一系列微服务式组件，以平台思维和中台架构理念实现各系统间的资源有效共享，大大减少重复功能的建设，推动业务大规模敏捷交付。公司构建了金融生态的业务，提升了数据和技术共享能力，全力助推金融行业生态体系的共享共建。

（三）传统龙头券商，统筹兼顾引领数字化转型

某证券公司作为国内券商在科技领域的先行者，于2019年专门成立数字化运营部，大力兴起"数智化"转型，在人工智能、大数据、区块链、云计算等新兴领域持续投入。其数字化转型主要体现在三个方面：一是在产品创新方面，利用科技优化创新，将数字化融入财富管理、投行等业务；二是建立数字化平台，连接客户与员工、总部与分支机构，达到降本增效的成果；三是在企业的组织架

构、人才发展体系中建立数字化运营的思维模式，真正落实数字化转型。

1. 产品先行，规模迭代创新产品，实现业务数字化

设立由业务人员和技术人员共同组成的数字化转型推进小组，协同开展业务。利用科技进行优化和创新，将数字化融入业务。

以App为触点，巩固流量优势，创新数字平台建设，打开变现空间。具体表现在持续完善"涨乐财富通"平台功能和服务，维护月活数量稳定增长；拓展服务范围，推出"涨乐财富通"，为客户提供全球资产管理服务；上线"融券通"，通过线上证券借贷交易平台高效联通券源供给方和需求方，通过实时行情、线上委托、智能撮合等功能，在监管框架中实现场内外、境内外融券的一体化，提升融券业务竞争优势；MATIC作为专业投资者的交易服务平台，提升客户体验；持续迭代机构客户服务平台"行知"，不断完善研究、融券、场外收益互换、路演直播等业务场景，帮助上市公司和投资者、分析师等保持高效沟通。

2. 平台制胜，建立产品与平台之间的沟通桥梁

公司具有丰富的平台系统，如交易平台、投研平台、风控平台等，将科技联通整个业务流程，以平台化的方式搭建服务体系。这些平台为客户和员工、总部和分支机构间架起数字化的交流空间，为产品和平台不断以数字化的方式进行信息的相互融合、自由流转和快捷传达提供支持。例如，面向投顾的工作云平台AOTRA与"涨乐财富通"深化贯通，总部能够直接为全国2000多名投资顾问提供一体化的策略输出。公司初步形成了总部驱动的平台化发展模式，总部平台能够直接触达一线投顾，并进行动态管理。通过科技能力打通平台，实现专业能力的数字化共享。据了解，在后续的数字化转型中，公司还将打造各项业务集中化的大运营平台，将所有业务流程和业务线建立在统一的平台上，以提高信息平台的集中度和各项业务的运行效率，降低管理成本，促进业务高效开展。

另外，公司将人工智能融入平台，优化传统的流程。公司推出的数字员工辅助员工工作，数字员工能够通过自动化的流程处理非结构化的数据，再结合人工化的方式进行交付。借助前沿"AI+RPA(Robotic Process Automation)"技术，数字员工可以模拟真实员工的思路与行为处理日常的金融工作，并且能够"自学习""自提升"。目前，数字员工已在公司的前、中、后台多条业务线正式"入职"，负责信息报送、交易清算、报表发送、运营管理等基础工作。

3. 将数字化转型融入企业的思维决策，建立数字化人才体系

某证券公司将数字化转型融入公司的组织变革，积极优化并建立更加敏捷和扁平化的组织架构，同时储备数字人才，完善数字与金融的复合型人才体系建设。

在组织变革上，首先优化顶层架构设计。设立数字化运营部作为公司的一级部门，在每个业务领域都设立由业务人员和技术人员共同组成的数字化转型推进小组，调动整合公司资源，站在客户角度，打破企业内部的组织边界和部门墙，成为科技和业务深度融合的链接。在业务部门层面设立ITBP(Information Technology Business Partner)，作为产品经理的角色对接业务需求，并尝试

第三章 本土实践：国内证券公司数字化转型的探索与实践

ITBP前置，将科技部门归属于业务部门下，以此实现对市场和业务的快速响应。

该证券公司加强数字化人才发展体系建设，包括数字化人才盘点、引进、培养、人才激励的模式，优化选拔机制，建立人才发展解决方案，并激励创新，进一步夯实公司的数字化转型能力基础。同时，公司于2021年成立约70人的敏捷人才池和创新实验室，响应业务的随时调用，并承载公司面向未来的数字创新能力。

（四）某地方证券公司深耕财富管理业务，有的放矢开展自身数字化转型

某证券公司是业务重点在长三角区域范围的综合性券商，产业布局涵盖证券、期货、创投、资管和基金业务。公司围绕数字化战略，促进科技赋能业务，初步形成业务与管理的数字化双轮驱动格局。其数字化转型主要从业务赋能、数字化管理和外部金融科技公司合作建立金融生态三个方面展开，利用数字化带动业绩稳定增长。

1. 数智化转型科技赋能财富管理业务，重视投教与投资者体验

公司重视财富管理转型，加大科技投入，与专门提供券商投顾数字化服务平台合作，不断完善财富管理数字化、智能化的配套措施，从前端交易到数字中台全面进行数智化升级。公司通过App服务线上客户，从用户体验出发，多次改版升级，优化后的理财模块、持仓资产、产品信息、交易操作指引等清晰且易操作。另外

提供7×24小时交易咨询、理财月报、新发基金、私募基金电子签约、REITs(Real Estate Investment Trusts)等财富管理主流功能和服务，丰富平台内容。在公司官网、交易终端和手机App中设有投资者教育板块，协助投资者理性投资，帮助投资者理解科学的资产配置理念，构建科学资产配置认知体系，提升平台月活用户量。

其携手外部金融科技公司，有针对性地提出分布式融合系统解决方案，打造"互联网用户中心"项目，为客户信息的使用和管理提供支撑，提升客户信息的使用价值，夯实数据与系统基础，是证券IT系统数字化转型的重要尝试。该项目以互联网注册用户为基础，统一管理互联网和各渠道汇总的用户数据，实现互联网各终端用户数据的共享与治理。以"中央登记、统一识别、实时共享"为目标，实现"客户主要信息中央登记，身份信息统一识别，关键信息实时共享"的在线服务机制，为各应用系统提供实时的、完整的、一致的、权威的客户数据。财富管理行业专业投顾稀缺、传统投顾团队难以支持客群分化的需求，利用人工智能、机器学习、预测分析等前沿技术，搭建涵盖客户交互、专业赋能、过程管理的一站式财富管理平台赋能投顾；打造智能投顾及混合投顾，推进投顾专业能力升级和服务模式变革。围绕客户端到端旅程，推动业务流程线上化，提升客户体验；基于客户分群，以客户端到端旅程为核心，梳理包含客户经营、产品研究及投顾咨询、中台及后台支持和运营三大关键环节流程，体系化地推进业务流程端到端线上化、自动化。在保证合规、时效性的基础上，提升客户体验及运营效率。借助数字化手段，为用户分析、运营提供抓手，形成财富管理客户营销的良性循环。

2. 数字化与线下结合的混合式金融培训，建立网络学习平台

公司的培训工作围绕战略目标和发展重点，通过数字化与线下结合的方式，打造"有形无界"的学习平台，建立学习型、创新型组织。通过推动数字化应用，全面布局线上培训，由网络学院平台运营，构建分级、分层的课程培训体系，推动全员的全方位培训。以数字化的方式持续推动公司与外部金融机构合作的高端金融培训，拓展前瞻性金融培训的形式和辐射面，借助直播培训手段快速传达资本市场的业务机会。

3. 实行数据化战略，力争实现智能化

重视科技投入，围绕"信息化—数据化—智能化"的战略路径，推动科技运用产生时效，推进信息技术从纯成本中心向可内部模拟计价的利润中心转型。围绕零售客户、机构客户和全体员工，构建整体的科学运用架构，实现所有业务和日常管理的全部数据化。

公司与某金融科技公司达成合作，双方将在机构服务生态、企业客户服务、财富管理生态、资管业务等领域展开合作，利用其在金融科技人才领域的优势，为公司储备项目管理、研发、测试、运维、业务运营等方面的人才。同时，共建联合创新实验室，在前沿科技、高效技术和研发管理平台、运维、信创合作、金融业务等领域，共同开展前沿创新项目。在技术支撑与组织保障方面建立良好的合作模式，共同探索数字化改革。

（五）跨境互联网券商，依托原生科技基因打造金融与社区生态

某证券公司是一家领先的数字化互联网证券公司，专注为用户提供港股、美股等多个市场的数字化在线券商服务。公司通过自主研发的一站式数字化金融服务平台，提供面向C端的市场数据、资讯等服务，并以用户为中心，构建完整的金融科技生态系统。背靠腾讯互联网科技和技术优势，在与外部科技公司合作的同时，不断完善产品体系，建立社区生态，并践行底层系统自主研发，提高对技术的自控能力。

1. 持续丰富产品矩阵，保持产品、业务领先

得益于领先的互联网技术优势，公司坚持以数字化驱动财富管理业务，打造一站式数字化金融服务平台提供服务。公司的大象财富管理体系包含"现金宝"、短期理财、债券基金、股票基金、私募基金等品类，持续丰富产品和服务维度，以数字化驱动财富管理业务。

在产品体验方面，公司搭建了全套线上流程，通过App即可完成开户、入金、申购、赎回等全套操作。在产品功能方面，公司不断进行产品功能的创新和优化，先后上线预约购买、基金对比、基金定投、基金组合等丰富的产品功能。此外，通过平台对用户交易和行为数据的大数据分析，对线上客户进行"千人千面"画像，赋能精准营销，实现个性化产品服务推送。

2. 发挥流量优势，科技与生态优势显著

打造社区生态，充分满足客户社交、投教等需求。社区是用户

第三章　本土实践：国内证券公司数字化转型的探索与实践

分享观点、情感等的聚集地，同时提供直播、课堂等投资者教育内容。通过大数据积累，分析个股行情，解读数据，并产出研究报告。为社区用户提供全球要闻、深度专栏、金融日历等海量资讯，用户能够在"牛牛圈"中分享经验，模拟炒股，并参与直播互动。在推动客户留存的同时，通过任务中心、种子农场等功能，维持客户活跃度，社群私域流量可提高用户迁移成本，进而促进用户留存。

平台生态圈连接企业、媒体与投资者，社区不仅提升了用户活跃、沉淀用户内容、加强情感连接，还可以促进业务转化、延长客户生命周期。

3. 自研底层系统，打造技术闭环

公司以技术驱动打造底层系统闭环，在保障客户体验的同时降本增效。公司的全平台客户端应用、开户、交易及整个后台的风控、清结算系统全部实现自主研发，交易系统在敏捷性、安全性、稳定性和扩展性上表现突出。

在敏捷性方面，核心后台系统保持每周更新，客户端每两周进行更新，快速迭代响应客户需求。与外部科技公司合作，通过腾讯云技术，确保系统和用户的数据信息安全，发展身份验证及核心数据保险箱等技术。同时，公司的系统服务器采用多地布局的方式，确保部分服务器故障不会影响整体系统运作的连续性。自主搭建互联网架构，建立高度模块化的系统，在集成或开发商层应用时扩展自由度高，能够高效开展大部分新市场的扩展工作。

三、国内证券公司数字化转型成功要素分析

通过对国内外证券公司数字化转型的现状及典型案例的比对，笔者试图提炼其异质性特征和成功元素。

首先，我国证券行业处于由传统经纪业务向财富管理业务转型的阶段，一些传统证券公司重业务、轻技术的现象仍然存在，国内头部券商的信息科技投入相比国外也存在一定差距，并且金融科技研发投入不足。

其次，证券公司的数字化在量化分析中的应用水平还需要提高。在各个业务系统中，数据应用大多停留在描述性分析，对于证券公司业务发展数据的预测性及量化分析较少，数据价值仍有挖掘空间。

另外，国内的数字化人才不足，在研发人员配置方面相对落后。根据路透社报道，在包括高盛和摩根大通等在内的国际头部证券公司的雇员组成中，有20%~25%是信息技术研发人员，而根据我国头部证券公司在2020年的年报显示，信息科技人员占比最高的证券公司仅为10.69%。尽管管理层已经对于数字化转型的必要性和重要性形成了较充分的认知，但多数从业人员仍对数字化赋能业务创新缺乏主动，普遍认为数字化转型应归属IT部门，数字文化较为缺失。同时，对于掌握证券业务知识、具备IT技能、拥有数字化思维和营运能力的复合型人才的吸引和留存机制尚不完善，在金融科技人员的团队管理、工作分配及机制磨合方面存在压力。

基于上述分析，借鉴国外券商数字化转型的经验启示，可以总结归纳出国内券商数字化转型的几个成功要素，具体如下。

第三章 本土实践：国内证券公司数字化转型的探索与实践

1. 基于自身特点找准数字化转型战略定位，适应发展节奏

不同规模的证券公司的数字化转型路径并不一致，这一方面是由于不同规模的证券公司的业务结构和客户体量不同；另一方面证券公司自身的数字化能力也不尽相同。具体表现可以按不同类型和不同规模的证券公司来分析。

就行业内头部证券公司的数字化转型来看，其工作重心在于从业务到管理，从外部到内部的全面的数字化转型。头部券商的业务体量大，业务链条也相对完善，在创新领域起到引导作用。因此，头部券商基于客户管理和业务场景，正在全面进行数字化转型。如华泰证券、国泰君安等证券公司，在战略目标中均强调数字化运营的思维模式，从产品、业务、人员、运营、组织架构等全方面、多维度地落实数字化转型。

中小型券商的数字化转型则应该从自身业务需求出发，明确科技在自身金融机构中的定位，避免由于缺乏前瞻性的规划与布局而疲于应对的问题。在中小规模的证券公司中，科技主要发挥支持作用，即科技是定位的"业务部门的支持者"，被动地接受需求，新技术应用有限，这也是绝大部分中国券商面临的现状。因此，中小型证券公司的数字化转型规划应结合自身业务需求及数字化能力，量身定制相应的数字化转型方案。例如，某证券公司的数字化转型聚焦赋能财富管理业务，符合自身战略的发展方向。

2. 以业务驱动，与业务有机结合推动数字化转型

证券公司的数字化转型方向应以业务为导向，将数字化转型的核心价值关注点放在业务赋能的落实上，强调运用数字化手段提升企业的价值创造效率，服务于业务流程，赋能业务发展。国内的证券行业正处于向财富管理转型的阶段，因此围绕以客户画像、客户管理等为中心的数字化能力建设较为迫切。

以华泰证券的数字化转型为例，其数字化转型以业务价值提升为导向，并尝试推进科技团队前置，将科技模块归属于业务部门，以达到快速响应市场业务的目的。同时，其数字化转型中的产品创新围绕财富管理、投行等业务开展，持续完善维护App等移动端的线上功能建设，以客户需求为核心，为客户提供更便捷、一站式的综合金融服务。数字化生态建设围绕客户体验，维持客户、投资者、分析师、员工之间的高效沟通，实现科技对业务的全面赋能。赋能内容以业务为导向，涵盖财富管理、机构、投行、资管等多个业务板块，而不仅仅局限于IT的系统建设。

3. 加强底层技术建设，为数字化转型保驾护航

底层技术作为数字化的基础，为业务提供技术支撑。可以看到的是，在证券公司的数字化转型中离不开"共享、开放"这样的关键词，即共享能力的建设，旨在为业务提供可复用的平台化能力。通过生成、沉淀、共享、反哺的路径，将数据沉淀后转化为数字化转型中的能力体系，在内部和外部共同实现共享能力建设。在内部，各部门间打通数据孤岛，整合数据资源，将数据沉淀于平台，允许不同部门调用后，反向帮助数据优化，实现数据在平台中的不断自然更新，提升数据价值。在外部，以国泰君安为例，该公司的业务交易边界拓展至外部，通过与外汇交易中心、证券交易所等金融机构合作、共享、开放，创新业务模式，发掘数据潜力。

第三章 本土实践：国内证券公司数字化转型的探索与实践

在数据能力和技术能力建设方面，头部证券公司坚持自主研发技术体系，由公司的科技部门对基础设施、平台研发等进行自主维护开发，为科技提供通用的基础能力支持。另外，协调外部金融科技公司，如富途证券与腾讯、国泰君安与华为等合作案例，证券公司均关注提升自身基础设施能力的可得性，通过一体化云平台，为公司的底层建设提供技术保障和技术创新，达到降本增效的目的。

4. 匹配组织支撑体系，提升治理水平

与国际券商不同的是，国内券商在数字化的组织架构和人才体系中侧重于建设阶段，稳中求进地推进组织变革适应数字化转型、建立完备的数字人才体系、强化员工的数字文化认知是数字化转型的成功关键环节。

组织架构向扁平化调整，疏通跨部门协同的痛点。在公司组织架构中建设数字化转型部门，协助业务与科技的深度融合，同时调动多个职能条线参与配合，提高跨部门、跨业务的协同能力，提升跨职能协同效率，有助于从以产品为中心向以客户为重心的业务模式转型。

加强数字化治理，深化员工的数字化认知。通过内部管理的数字化，将传统线下割断的管理模式向线上转移，包括但不限于企业员工的线上培训，数字化体系学习，培养员工及中高层的数字化思维方式，为数字化项目推进提供有效支撑。

科技人才是数字化转型的关键一环，扁平的敏捷体系对数字人才更具吸引力，头部证券公司在科技人才的储备、吸引、留存等方面也做出了相关建设。

第四章

价值释放：证券公司前台业务的数字化转型

通常"前台"的含义是一家公司的接待区域或是接待人员，是公司给外部留下的第一印象。通过引申，证券公司的"前台"是指直接接触客户的人员、部门、系统，是各类服务渠道的统称，如客户经理、投资理财App等；"前台"也可以理解为与客户产生直接互动而创造价值的业务领域，按照这个逻辑，财富管理、投行业务可以理解为前台业务。

证券公司前台的数字化转型，目的是更高效、更精准地实现营销和服务，达到"降本增效"的效果，并为客户提供更合适、更高品质的服务，从而提升业务竞争力。基于此，前台的数字化转型贯穿线下服务(如营业网点、人工服务)、线上服务(如App等线上渠道)及各类工作流程(运用技术和智能手段提升工作效率和质量)。

一、证券公司零售金融业务的数字化转型

近年来,证券行业的内外部环境正以前所未有的速度演进变化。行业环境的变化对券商零售业务高度依赖传统经纪业务的商业模式产生了颠覆性的挑战。传统经纪业务赛道拥挤,竞争激烈,经纪客户规模趋稳,增量放缓,各家券商纷纷推出低佣金策略以吸引客户,致使证券行业零售经纪业务的平均佣金率进入下行通道,对公司营收的贡献持续下滑。同时,金融市场环境不确定性的日益增强叠加投资产品复杂度的不断提升,也导致个人投资者对投资标的的需求愈加多元化,而且对专业金融机构提供的大类资产配置及相关投资建议更加重视、依赖。为了应对证券行业零售业务的逻辑变化,在大浪淘沙、业内竞争空前激烈的新时代抓住机遇、塑造领先优势,证券公司意识到从传统经纪服务向财富管理业务全面转型的重要性与必要性,并利用前沿信息技术全面赋能财富管理业务。

具体而言,构建信息科技模块赋能财富管理业务时,应当聚焦客户端、营销端、管理端、底层支撑平台建设四大模块。在客户端,应当结合客户分层的经营策略,根据客户多样化的需求在服务方案、资产配置、资讯信息、交互体验等方面提供差异化服务体验,从而提升客户专属感知。在营销端,应重点打造智能化的理财师工作台、CRM(Customer Relationship Management)系统、资产

第四章　价值释放：证券公司前台业务的数字化转型

配置系统、产品平台等；规划设计营销端支撑工具，全面赋能理财经理进行客户识别、方案设计与后续跟踪服务。在管理端，应利用科技手段强化过程管理功能，同时通过管理流程的线上化实现业务设计固化与智能风险控制。在底层支撑平台建设方面，可关联整合各渠道的客户信息数据，构建客户精准画像，有效支撑资产配置方案规划设计与客户营销线索挖掘。充分构建信息科技模块以支撑丰富的数字化转型实践，有效帮助券商的财富管理业务降低运营成本，增进运营效率，延展客户群体，升级客户体验，监测把控风险。此外，证券公司还通过研发数字化信息系统积极推动线上与线下的技术升级，有效整合资源，用金融科技全方位赋能财富管理业务的全业务链。

（一）券商在零售客户端领域的数字化实践

其典型特征是打造"线上一体化+线上与线下联动"的移动端生态，承载券商零售业务体系。主要表现为由移动端平台承载整个零售经纪业务体系，通过O2O服务模式实现客户全生命周期价值管理，以手机App为核心服务客户，提供便捷的线上功能，提升客户投资交易效率，提供标准的线上精准服务辅助客户交易决策。

1. 应用案例：某证券公司线上与线下服务融合的实践

某证券公司的员工端展业平台与移动端客户App通过数据连通，搭建起线上与线下一体化的服务基础。其中，移动App提供线上自动精准触达客户的渠道和交易通道，而展业平台则承担传递在线资源和调动营业部线下资源的连接角色，两大平台形成立体化的营销服务支持态势，大幅提升了整体业务推进的效率。

例如，在金融产品销售的场景中，证券公司连通移动App与展业平台，构建"客户经理线下营销—在线推荐—客户在线购买"的一体化销售闭环，并且对闭环内的销售过程做到数据全程记录、全程追踪，为销售转化的分析和销售业务督导提供数据化支撑，为财富管理业务的数字化转型提供有力支持。

在营业部销售产品的过程中，从推荐成功到客户成功下单的转化，由于客户不熟悉购买的操作步骤会发生掉单的可能，同时客户经理对客户的购买过程无从知晓，只能通过成交记录进行追踪。某证券公司构建了类似淘宝"淘口令"的口令分享体系，打通购买App内理财产品的"最后一公里"，让客户通过客户经理分享的口令实现在App内的快速下单，将传统的需要客户寻找功能入口、开通基金账户、输入产品代码、完成产品购买的步骤缩减为"一步式"的下单。在方便客户的同时也为客户经理提供客户购买过程的行为数据，方便客户经理进行全流程追踪，进行必要的断点服务和二次营销转化，全面提升销售的转化率并通过数字化模式提升销售管理效率。

2. 应用案例：某证券公司App的后发优势构建策略

某证券公司属于在App建设上后起发力，并取得一定成绩的券商。它在2015年全面启动移动互联网金融产品规划，确立App的三大基础定位和建设目标（见图4-1），截至2019年，公司App月活跃用户数跃升至行业第十名，其相较于公司的零售业务表现突出，移动互联网建设及投入使得App活跃用户数在一定程度上脱离零售业务

第四章 价值释放：证券公司前台业务的数字化转型

份额独立增长，为后继推进线上业务转化打下了坚实基础。

某证券公司App的三大基础定位和建设目标

移动服务平台	移动金融终端	移动证券门户
海量获客、沉淀数据、深度挖掘，成为获取客户大数据信息的触手……	移动互联、理财超市、社交金融，成为互联网金融业务创新的抓手……	极致体验、口碑营销、快速传播，迈向第一梯队券商的推手……

图4-1　某证券公司App的三大基础定位和建设目标

该公司App经历了探索、磨合、拥抱、聚合、连接五个变革阶段。

（1）1.0阶段为"探索"。该阶段主要是尝试性投入，以IT技术为主导，打破原有的OEM模式和纯交易工具的定位，开启小范围自研，并启动社区互动和投顾组合线上化等小范围尝试，开启移动App自主可控的第一步，确定了建设移动金融门户、综合理财平台的目标。但在投入产出方面均具有巨大的不确定性，团队建设仍处于探索阶段，各业务线与各IT线仍处于各自为战的状态。

（2）2.0阶段为"磨合"。该阶段通过搭建虚拟互联网金融团队，确定业务和IT的统一对接口径，逐步搭建起从业务到IT的平滑连接，并初步建立互联网公司式的协作模式，2.0版本正式搭建互联网账户体系和社区体系，"问问小安"等互联网化客户服务平台，移动互联网的业务效益初步得到显现。

（3）3.0阶段为"拥抱"。该阶段从公司层面予以高度重视，成为公司"3+5战略规划"的重要组成部分，确定一流券商App的战略目标，确定App当前的重要目标是实现大众客户完全线上化，全面拥抱移动互联网，App体验、App资源投入和人力投入及自主化程度均得到大幅提升，互联网引流获客能力得到彰显。

(4) 4.0阶段为"聚合"。该阶段在各个功能模块逐渐搭建完善、用户体验得到提升的基础上，进行业务模块整合、场景化融合等，并逐步确定App的品牌形象，搭建互联网化运营体系，聚合线上场景与资源，打造线上业务生态。

(5) 5.0阶段为"连接"。该阶段一方面打通线上与线下业务生态，对大众客户开展线上服务，对财富客户提供线上与线下相协同的服务；另一方面推进公司各系统终端的一体化建设，真正推进实现各个渠道面向客户的协同一体化无缝衔接服务，用移动互联网重新诠释财富管理，重构零售业务。

（二）券商在智慧网点领域的数字化实践

智慧网点是指运用科技手段实现线下营业网点的数字化和智能化转型，可以为传统的线下服务及业务运营带来显著的提升。

证券营业网点是承载客户服务、打造品牌建设、展现科技实力、支持线上服务的重要平台。但传统营业网点存在以下几个问题：一是客户从营业网点获取的服务相对较少；二是业务办理复杂，等待和办理时间长，客户体验较差；三是营业部人员业务处理操作烦琐等。而现阶段营业部正在逐渐呈现出轻型化、职能专业化的发展趋势。打造智慧网点，对营业部后台资源进行集中化、数字化管理，已成为券商提升平台化能力的重要方向。

第四章 价值释放：证券公司前台业务的数字化转型

智慧网点数字化的业务管理模式一方面可以带来业务效率和服务体验的提升，另一方面可以释放营业部的人力成本和管理成本。智慧网点有助于减少大量简单重复的人工劳动，降低人力成本；缩短客户排队等待的时间，提高客户满意度；无纸化、智能化的线上操作，可以提升业务办理的效率；规范化流程，则可以提高交易的安全性，降低人工失误带来的合规风险。

应用案例：某证券公司VTM智能设备

2017年，某证券公司已着手研发VTM智能设备，并在投教基地进行了投放使用。2018年2月，该公司首家营业部上线测试VTM，10月启动全面铺设。经过不断迭代，目前在营业部铺设的VTM已经是第三代产品。

VTM具有可支持客户自助办理二十余项业务的功能，包括双录业务、风险测评、账户信息修改、权限开通、查询打印等，能够提升营业部柜台的效率。例如，中国证券监督管理委员会发布的《证券期货投资者适当性管理办法》中规定，客户在办理大部分业务时都需要临柜，比如开通创业板、新三板、分级基金权限，在购买某些理财产品或办理其他高风险业务时，也需要投资者配合"双录"，而传统柜员进行人工"双录"操作费时费力，出错概率大，VTM则解决了效率问题，只需要少量柜员进行操作引导就能帮助投资者顺利完成"双录"。与传统的柜员人工操作相比，客户通过VTM自主操作可将业务办理时间缩短一半以上。

对公司而言，以机器代替人工可以有效释放人力成本、营运成本及管理成本。在中、后台工作效率提升后，在营业部层面只需要设置少量的人员维护VTM，其余人员就可以投入到展业工作中产生实际的业务效益。并且，一台VTM的成本只有几万元，如果批量使用，成本还可以再压缩。按照5年的平均使用寿命进行成本摊销，每台机器折算到每年的成本只有几千元，远低于一个员工的薪资成本和所需要的培训费用，且当牛市来临、券商营业部业务量大增时，可以快速增加VTM的布设以应对业务激增，这与临时招聘员工相比，不仅难度小，需要的时间也更短。

VTM支持异域客户操作，考虑到中国证券监督管理委员会宣布进一步放开外国人开立A股证券账户的权限，符合条件的外国投资者(自然人)可以开通A股账户的政策，不少券商针对外国人开户对员工展开专门的英语培训，而且有券商计划招聘小语种专才，以应对外国人开户的特别需要。

VTM可以提升客户在营业部接受的服务体验，有助于拓展业务。在通过人工受理业务时，客户想要开通什么业务，需要由员工帮助客户办理相关业务。而VTM能够支持网点围绕客户需求对整体布局进行优化，对功能分区进行优化，通过智能化、自动化、交互式的自助设备、营销终端等提升客户体验，通过可视化的产品和服务展示拓展营销机会，客户可以自主选择需要办理的业务。

VTM只是券商探索智能化网点的一个起步，未来可以结合人脸识别、语音导航、VR技术、AR技术、全息投影等前沿科技，发展以"体验中心、社交中心、投教中心、服务中心"为主题的智能化网点，线下营业部将逐步改变传统形象，变得充满科技感。

第四章 价值释放：证券公司前台业务的数字化转型

（三）券商在智能投顾领域的数字化实践

根据中国证券业协会统计数据显示，我国目前只有不到6.5万的投资顾问从业者，需要直面A股市场接近1.8亿的个人投资者，而从经验上看，一名投顾最多同时服务50名客户。随着客户对投资咨询、财富管理等服务的需求愈加趋于个性化，有无服务、服务的质量等因素会直接导致客户群体向优势企业的流动，市场存量的格局也会随之调整。

近年来，华尔街掀起的"智能投顾"热潮迅速席卷全球，各种利用人工智能赋能财富业务的智能化产品服务也不断推陈出新，愈加成为一种主流趋势。以Wealthfront、Betterment、Personal Capital为代表的公司纷纷推出智能投顾服务，提供全自动的、以算法为基础的投资组合管理建议。这些智能投顾服务以个人投资者的风险承受能力、收益目标及风格偏好等为基础输入项，通过先进算法及前沿的投资组合模型进行投资组合的配置，最终为客户形成优质的投资指引(见表4-1)。智能投顾通过其低成本、自动化、个性化等特点，在短时间内迅速积累了大量个人投资者，获得了广泛认可，也成功吸引了贝莱德、嘉信理财、高盛等传统金融机构的注意，这些机构纷纷陆续推出相关智能投顾服务。

表4-1 国际主要智能投顾产品比较

	独立性公司		传统金融机构旗下产品	
	Betterment	Wealthfront	先锋基金个人顾问服务	嘉信理财智能投资组合
成立时间	2008年	2010年	2015年	2015年
战略	全数字平台	全数字平台	全数字平台	全数字平台
投资门槛/美元	0	500	50000	5000
管理费率	0~1万美元，0.35%；1万~10万美元，0.25%；10万美元以上，0.15%	0~1万美元，免费；1万美元以上，0.25%	0.3%	0
概要	基于指数基金及ETF；税收收割服务涵盖所有客户；更关注投资目标	自动产生基于ETF的投资组合；自动再平衡；更关注风险偏好；税收收割服务涵盖所有客户；税收优化指引（针对投资10万美元以上的客户）	90%的资产来自基金已有客户；包含先锋基金的产品；兼顾投资目标、投资期限和风险偏好	投资嘉信和其他公司的ETFs；针对投资5万美元以上的客户推出税收收割服务；针对超过5000美元的账户进行自动再平衡
是否提供人工服务	是，对投资额达到50万美元的提供人工服务	否	是，提供人工面对面、电话和邮件服务	是

目前，国内各家券商正通过内部研发或引入外部开发，积极探索打造智能投顾技术，旨在广泛应用智能投顾服务实现从传统服务模式向数字化财富管理的全面转型。

智能投顾主要有两种模式，一种是基于现代资产组合的大类资产配置模式，另一种是数据分析模式下的智能工具、股票组合等。

第四章　价值释放：证券公司前台业务的数字化转型

1. 应用案例：某证券公司的智投魔方

某证券公司通过整合内外部核心科技资源，集中在大数据、人工智能、机器学习等先进科技领域的研究力量，成功打造"智投魔方"特色智能投顾平台，旨在深入洞察了解客户真实的投资需求及投资场景，为客户提供创新、专业的财富管理服务。

与其他同业智投产品相比，在前端简单直观的服务体验的背后，凸显"智投魔方"智能化的一个特色功能是智能优选，其可根据客户的特征生成以诺奖理论、专业模型、资深研究团队做支撑的策略组合建议，该组合策略的日产出量超6000组，从风险等级、绩效评价、资金要求、创业板权限、投资风格等维度打标签，采用智能匹配算法与客户进行多维度匹配，全面贯彻落实"千人千面"的个性化投顾理念，实现即使不同客户拥有相同标签属性，最终也将获取不同的、自动生成配置的投资组合方案。

此外，为满足客户的理财需求，帮助投资者在万千金融标的中挑选适合的产品组合，"智投魔方"资产配置功能能够充分考虑每个客户的具体情况，严格遵循风险匹配的适当性管理要求，从组合配置比例、产品风险等多个角度进行严格测算与筛选，提供符合客户投资偏好与风险偏好的资产配置建议方案，并实时监控组合表现，动态进行仓位调整。

2. 应用案例：某证券公司的AORTA投顾工作平台

某证券公司作为较早布局数字化转型的券商，在通过数字化信息技术赋能财富管理业务方面有着充足的经验。凭借多年对前沿科技赋能金融业务的持续探索与丰富经验积累，该机构在构建客户画像的基础上更进一步,研发推出了"AORTA"投顾工作智能云平台。AORTA是"An Optimal Robot Thinking Advisor"的缩写,其功能是为投资顾问提供优质服务策略和行动指导,帮助投资顾问为客户开展服务,提供投资指引,提升投顾的服务效率与服务质量。AORTA与"涨乐财富通"智能综合客户端底层数据相互连通,成功打通了"从公司到投顾到客户"的全业务链路,可以有效贯彻落实"人+平台+产品"的创新服务模式。AORTA平台的推出有效赋能机构财富管理服务,为该业务的高效开展铺平道路,提供重要支撑。

AORTA平台包含"客户中心""产品中心""资产配置"三大核心模块,从不同角度助力投资顾问开展专业服务。"客户中心"模块通过对客户进行大数据分析,为每位客户搭建360度客户画像,并进一步深度分析解读不同客户"千人千面"的投资需求和投资偏好。"产品中心"模块汇总了该公司所提供的金融产品全量信息,方便投资顾问筛选调取产品资料以深入了解产品本质。此外,该模块也全面汇总了市场精选资讯和证券内部投研研究报告,支持投资顾问及时获悉最新的市场动态和投资方向,时刻把握投资市场的变化。"资产配置"旨在满足"每一位用户的每个不同需求"。该模块以先进算法和前沿资产配置模型为核心,为投资顾问在资产配置计划和资产配置计划动态追踪及再平衡两个方面提供参考意见和技术支持,可以作为"投顾超脑"助力投资顾问为不同客户量身定制专业、个性化的资产配置方案并支持后期的灵活调整与优化。通过不断收集客户多维度的数据进行深入分析,AORTA还会优化升级客户画像,以识别客户投资需求的动态变化,辅助投资顾问实时了解客户的新需求并以此进行服务策略的优化与调整。

第四章 价值释放：证券公司前台业务的数字化转型

从功能层面来看，AORTA智能工作平台可以支持投资顾问在多个场景下获取新客户。当新注册用户下载涨乐财富通并打开理财页面挑选产品或服务时，AORTA会为客户匹配投资顾问，并根据场景自动检索判断客户的具体需求，为投资顾问推送服务建议，助力业务开展。AORTA也可以同时支持投资顾问通过多场景服务存量客户。当存量客户已购买某项产品或服务后，AORTA也会继续持续检测产品和服务状态，当识别到特定场景时，向投资顾问推送适用信息并提供进一步开展工作的指引，全面智能化赋能财富管理业务。

二、证券公司数字化转型在企业及机构业务中的应用

近年来企业及机构市场需求持续扩大，但受限于创新能力不足，业务分散等现实原因，我国证券行业企业及机构业务同质化严重，难以满足客户更加综合的需求。各大证券公司在面临机遇的同时也面临着一定的挑战，其企业和机构业务亟待扩大服务范围、提升客户服务专业化水平和质量、优化运营流程、整合企业和机构客户资源、构建以"以客户为中心"的服务体系。

（一）券商在投行业务中的数字化实践

投行业务为企业客户业务的主要来源，在券商投资银行业务中，尽职调查的目的是全面了解证券发行人，为评价发行人质量和对发行

人估值定价提供基础,同时为发行人上市推荐提供佐证资料并实现风险规避,可以说投行项目承做的核心过程就是尽职调查的过程。发行人尽职调查关注法律、财务、业务等多个层面,涉及细项超过500项,以往对证券发行人的尽职调查多采用人工操作及现场核查的方式进行,因此投行项目组成员往往工作负担重且完成效率低。

由于信息不对称及传递难等问题,证券公司的投行相关业务在数字化转型方面仍处于初始阶段,绝大多数公司的投行业务操作仍局限于传统的运营模式,停留在对文档的存储功能阶段。由于投行业务本质的特性,业务人员对科技转型的意愿普遍持保留态度。因此高效率地赋能投行人员对发行人开展尽职调查并持续跟进,是这部分数字化转型工作的方向。

2017年,高盛集团对其首次公开发行(IPO)业务的执行模式进行审视,拆解细化出127个步骤,分析其中有多少步骤可以进行数字化转型,这对国内的投行业务的数字化转型具有重要的启示作用。固然,科技不能取代投行业务人员在投行项目达成中的决定性作用,但科技依然可以起到重要的提升作用。某证券公司在投行尽调数字化转型方面进行了诸多实践,具体可以总结为以下几点(见图4-2)。

图4-2 某证券公司投行尽调的数字化转型

(1)尽职调查要素数字化留存。尽职调查数字化转型必须先有效唤醒沉睡数据,设计标准化尽调模板,遵从监管规范,结合业务历史经验,实现发行人基本情况等模板线上化,有效规范项目组操

第四章 价值释放：证券公司前台业务的数字化转型

作，简化材料撰写过程；针对发行人信息，以发行人客户为中心形成项目范围内全局一致的基础数据，如工商数据等，实现一次变更，全局联动，自动生效。

(2) 尽职调查材料自动化生成。依托数字化系统，该证券公司将尽调材料中行业政策、同业竞争、舆情、诚信信息等来自互联网、wind等第三方渠道获取的信息进行自动采集，尽调材料自动生成，减少项目组简单、重复工作的投入时间。另外，针对尽调过程中收集的部分材料，也将固化业务经验和处理逻辑，依托OCR(Optical Character Recognition)等技术手段协助项目组完成自动计算，如基于历年财务报表影像文件自动生成三年一期合并报表等。

(3) 尽职调查信息联动性审核。投行尽调材料涵盖范围广，文档数量庞大，对结果材料的全面有效审核一直都是质量控制的重点和难点。一方面，尽调材料之间的关键数据需要保持一致，关键内容需要溯源勾稽，提取所有文档中的关键财务指标数据与发行人财务报表进行一致性比对；另一方面，尽调材料的审核过程需要实现智能预警和联动，如通过OCR技术将项目组上传的发行人银行流水底稿进行识别、抽取分析，并对银行流水中存在的异常交易进行检测预警，触发项目组后续处置。

(4) 尽职调查数据智能化分析。尽职调查是关注发行人及所属行业的一个持续性过程，尽调数字化转型将转变信息获取和分析的方式，通过整合互联网、第三方资讯等，自动获取行业的最新动态、企业舆情、负面新闻等信息，并对获取的数据进行智能分析、动态推送，主动识别防范风险，触发相关项目组、合规风控等后续处置工作。而在注册制的大背景下，除了要满足监管审核要求以解决发行人规范性问题，围绕企业的成长发展周期，尽职调查智能分析结果也将辅助投行人员成为行业研究专家，从企业的竞争力和产业增长潜力等角度开展定价等工作。

（5）尽职调查对象平台化触达。在尽调开展的过程中，项目组通常采用现场核查和非现场核查方式开展工作。现场核查需要项目组驻扎发行人公司开展访谈和调研；非现场方式则可以利用互联网及其通信工具的优势，做好相关材料的收集、整理和书面记录工作，并对重要的文字、音频、影像等资料予以留存。依托数字化平台，公司在确保尽调核查工作可回溯、可检验，并在核查结论真实、准确、完整的同时，也可逐步对发行人、中介机构开放，为发行人、中介机构提供文件共享、视频会议、电子签署等线上能力支持，打破项目协同屏障，构建以发行人为中心的生态环节，带来全新高效的尽调体验。

（二）券商在机构客户管理中的数字化实践

在零售经纪及财富管理领域，通过多年对App平台的建设，绝大多数个人客户已形成线上化的操作习惯，客户服务线上化成为业界标配。然而，在企业及机构业务(投行业务、研究所服务等)领域，对客户的服务管理（CRM）模式几乎仍是通过业务人员的电话、邮件、短信、拜访、路演等传统线下方式进行的。在部分信息化程度较高的公司，客户信息和服务信息会通过业务人员的登记进行信息化保留，但这并不够全面和系统。数字化转型的重要目的之一是缩短客户服务的链路，让客户直接参与到业务过程中，成为数据的生产者，以期能及时获得真实的反馈信息。同时，通过App线上化

第四章　价值释放：证券公司前台业务的数字化转型

提供可视化内容，多样化客户服务，提升客户的服务体验，增强客户黏性。在机构客户服务模式的线上化转型创新上，证券公司仍有非常大的发展空间。

然而要突破这一点并不容易，机构客户服务线上化的推进不只是在技术上的系统建设，更是考验证券公司对其业务运作模式的重塑能力、机构业务和客户数据的贯通能力、机构客户线上化运营能力的全面反映，是衡量数字化转型综合能力的标尺。

如某头部券商以创新方式改造传统的封闭业务模式，从服务、产品、流程、团队、系统5个维度构建全新的"高互动、高协同、高价值"的开放式客户服务模式，以数字化理念再一次定义了机构客户服务的范围。该公司打造了"道合"App和GTJA Matrix平台体系，并将二者互相结合，以金融科技和专业能力为两大引擎，全面覆盖网页端、App、小程序等多种模式服务机构客户管理。道合App作为前端界面提供机构客户全球化的视野，助力其客户把握资本趋势，洞悉全球市场，能完整实现与机构客户需求的对接。GTJA Matrix科技平台则围绕客户需求，实现内部的业务流程及运营操作的一致化协同，提供业内最便捷的业务协同响应机制，成为最具有代表性的面向企业机构客户的一站式综合服务的企业。该公司机构业务客户关系管理数字化转型带来的变革具体体现在以下几点。

(1) 客户信息整合能力提升。通过打造道合App和GTJA Matrix平台体系聚合所有业务相关部门所具有的机构或公司客户信息，并用结构化的方式聚合在CRM系统，支持所有对公业务部门的展业工作。

(2) 客户洞察能力的提升。通过打造道合App和GTJA Matrix平台体系构建集团层面的机构客户画像,包括客户在集团的整体业务规模、交易历史、产品需求偏好及客户经理信息等,为集团机构客户分层分类与联合营销提供数据支撑。

(3) 客户发展阶段的全方位管理。通过打造道合App和GTJA Matrix平台体系能对公司客户的状态具有良好的掌握,可以准确识别客户所处的生命周期,对客户潜在的业务需求进行前期判断并支持后续展业工作。

(4) 加强了对合作方的管理。通过打造道合App和GTJA Matrix平台体系可通过外部数据、同业信息整合合作方的相关信息,按照合作方的准入标准对合作方开展有效管理,形成成熟的合作机制和明确的财务核算模式,并通过系统实现财务核算工作。

三、证券公司数字化转型在投资领域的应用

根据Wind数据显示,2020年国内34家上市券商的自营收入达1634.87亿元,平均自营收入为48.08亿元。对比这34家券商在2019年和2018年的自营收入,总收入分别为1334.07亿元、676.28亿元,平均自营收入分别为39.23亿元、19.89亿元,实现同比持续增长[①]。自营业务收入毫无疑问成为继券商佣金收入、资产管理收入外另一个主要收入驱动点。如何利用数字化能力赋能券商自身投资研究、探索新的交易方式成为众多券商关注的重点。

---

① 朱灯花.自营成券商最大收入来源[N].国际金融报,2021-04-19(09).

第四章 价值释放：证券公司前台业务的数字化转型

（一）券商在FICC业务领域的数字化实践

FICC业务涉及经纪、自营、资产管理、投资顾问服务等多条业务线，对证券公司的业务生态转型具有促进作用。随着金融市场的对外开放，证券行业对标海外投行，FICC业务有可能是证券公司转型发展的新机遇。国内头部证券公司已有9家试点跨境FICC业务，建立了FICC业务全条线基础性债务工具体系。

随着公司金融类业务逐渐成为券商的重要营收和利润来源之一，券商尝试打造集自营与代客为一体的FICC平台，通过数字化，建设跨市场、多币种、全品种的前、中、后一体化交易平台。

某证券公司在FICC平台建设方面处于行业领先地位，其FICC平台包括业务和系统两大板块。业务板块涵盖销售、交易、做市、投资环节，基于该平台逐步将客户询价、做市报价、交易执行、成交单生成等步骤向线上迁移，实现系统化和自动化，为企业和客户带来便捷高效的全流程云端交易体验。系统板块包括投研系统、交易系统、综合管理系统和大数据系统四大平台[1]。该公司的FICC大数据平台可以收集交易中的大量资讯、行情数据等数据信息，按业务模型建模，通过数据挖掘，供交易员自行订阅各自所需的数据，经系统将信息实时推荐给交易员，以此释放交易员在纷繁复杂数据中提炼有效信息的工时，提升交易工作效率。

在当前FICC债券交易中，流程割裂是常见的问题。交易首先基于聊天工具沟通，经中、后台系统进入风控流程，进而录入交易

---

[1] 吴瞬. 华林证券陆忠良：打造FICC科技金融平台 推动业务创新发展 [N]. 中国证券报，2021-06-25(A04).

前台，最终在结算系统进行结算，这就存在效率较低的问题。为解决上述痛点，证券公司可以采取打造覆盖FICC业务全链条、聚焦重点场景且功能全面的FICC交易平台的方式，赋能FICC交易的电子化。

具体到FICC的业务流程，某证券公司已经实现业务流程的线上化全覆盖，覆盖流程包括交易机会发现、交易执行、交易记录、风险管理，以及清结算环节。在FICC交易平台上增设综合管理系统和业务监控系统，协助中、后台人员管理业务并实时监控，对黄灯、红灯业务进行预警。

在大数据治理方面，某证券公司金融科技院通过采集内外部数据，对数据进行分析，最终构建自己的数据服务体系，以此实现智能推荐、开放API、客户画像、智能决策、交易智能分类等功能[①]，在大数据平台中实现平台化、流程化、智能化，提供合规、风控、运营、交易管理功能。同时，推动交易实施与风险管控，构建包括数据引擎、策略引擎、回测引擎、执行引擎、智能订单路由引擎在内的量化引擎。在AI模型中，某证券公司积极开发场景应用，将平台应用于预测、智能量化、智能投研、资金面情绪研究、智能选券等场景，助力FICC交易业务的数字化转型，提升业务效率。

（二）券商在量化投资领域的数字化实践

传统的FICC交易主要依靠专家经验，对资产波动和风险进行

---

① 吴瞬. 华林证券陆忠良：打造FICC科技金融平台 推动业务创新发展[N]. 中国证券报, 2021-06-25(A04).

第四章 价值释放：证券公司前台业务的数字化转型

人为判断，通过人工调整产品组合获取价差，该交易方式普遍存在效率低、产品定价和风险对冲能力缺乏等问题。量化交易从实时行情、新闻事件、历史数据的分析推演，形成交易策略模型，通过量化交易平台自动执行交易，在一定程度上克服了上述短板(见图4-3)。

图4-3　量化交易平台带来量化交易的价值

资料来源：李毓. 顶层政策驱动，量化交易成为FICC业务发展利器[R/OL]. [2020-10-10].

量化交易的前提是集中竞价和开放API。早期因受制于监管对竞价交易模式的限制，以及交易所API接口尚未开放，国内金融机构只能采取询价和订单的模式进行交易，量化交易起步较晚。而近几年，国内监管政策分别在宏观和微观两个层面设计大力推动金融机构量化交易平台的建设，为量化交易的发展带来了机遇。

从宏观角度来看，随着人民币交易资质和境内资本市场的开放，越来越多的外资机构进入中国市场。例如，2020年全球知名外汇电子做市商XTX Markets Limited成为中国银行间外币市场首家境外非银机构做市商。竞争压力将反向促使中资银行等金融机构提升资产定价和风险对冲能力。

从微观层面来看，监管政策逐步采纳集中竞价模式，开放交易所API接口。以贵金属交易为例，国内贵金属API接口主要对接上海黄金交易所和上海期货交易所。目前，黄金交易所竞价平台约有50%的交易为量化交易。

在宏观和微观两方面因素的影响下，交易所基础平台的升级，第一批金融机构已经完成量化交易平台的建设，产生"鲇鱼效应"。平安银行建设了业内首个集交易前、中、后台管理于一体的电子交易平台，提升数据处理、利率定价、交易执行及风险管理能力，建立实时海量数据库、全球领先的量化分析平台、智能执行工具和全流程的实时风控。例如，根据市场利率的变化情况，将改革后的LPR(Loan Prime Rate)形成机制迅速落地挂钩LPR的人民币贷款及利率互换产品，在降低客户融资成本的同时，提供风险对冲方案。

与此同时，国内私募证券基金因受监管约束相对有限，投资策略多样，近年来发展迅猛。截至2021年12月底，国内私募证券基金管理规模达19.76亿元，同期私募证券管理人数量达9069家。随着机器学习的广泛应用及对冲基金策略普及，也涌现出越来越多主打量化投资的私募基金，其中不乏百亿规模以上的佼佼者。截至2021年2季度末，国内量化类证券私募基金行业管理资产总规模达10340亿元，为券商进入量化投资领域提供了全新的赛道。

某头部券商引领证券业打造对外开放的量化投资平台，在加

第四章 价值释放：证券公司前台业务的数字化转型

强自身量化水平的同时，为市场量化投资机构及专业投资者提供策略回测和模拟服务。该平台开放Python语言的策略研究并对外提供API接口，可以支持股票、基金、期货、指数等品种的日、分钟级回测。支持回测数据广泛，包括2005起的股票财务数据、行业数据、宏观数据，基金行情与净值数据，场外基金净值、投资组合数据，股指指数数据，股票期权和商品期权的合约及行情数据，TuShare中的龙虎榜、新闻事件、银行同业拆放利率等数据，技术分析因子数据等。同时提供准确、实时的沪深A股、ETF模拟交易工具，支持日级、分钟级、Tick级模拟交易。丰富开放的策略库帮助用户快速实现量化策略的构建，而通过HTTPS(Hyper Text Transfer Protocol Secure)传输、加密存储、沙箱保护措施可以为用户带来业界最高级别的策略安全保护。同时该公司为用户提供在线课堂与交流平台，在提升用户黏性的同时试图打造以自身为中心的量化投资社群。

（三）券商在智能投研领域的数字化实践

截至2020年底，中国资产管理市场规模达到122万亿元，相较2019年的111万亿元增长了近10%[①]，为未来"十四五"期间谋篇布局奠定了良好基础。

对于资产管理领域来说，面向B端机构的智能投研将是未来制胜的关键工具。智能投研作为新兴赛道，各家投资机构都在积极探

---

① 张旭阳. 中国资管系列报告 2020：扬帆启航、破茧成蝶、时代机遇、争创一流 [R]. BCG波士顿咨询, 2021.

寻合作伙伴，希望尽快落地智能投研系统，借此拉开与其他机构投资能力间的差距。

某证券公司与金融科技企业联合搭建独具特色的资产固定收益投研管理系统HQE-FIIRMS，提供信用研究、资产全貌分析、业绩评价与风险跟踪的一体化解决方案，为固定收益类资产管理业务的持续发展打下坚实的基础(见图4-4)。

图4-4　某证券公司资产固定收益投研管理系统HQE-FIIRMS

资料来源：张旭阳. 中国资管系列报告2020：扬帆启航、破茧成蝶、时代机遇、争创一流[R]. BCG波士顿咨询，2021.

(1) 数据归集。该数据平台不仅将某证券公司自有分散的数据集中归集梳理，同时也打通了外部金融科技公司独特的数据中心(融合了多方数据库)。目前该平台接入的资讯数据包括机构信息、主体基础信息、债券基础信息、担保人信息、评级信息、债券估值信息、债券交易信息、行业信息、宏观数据信息、财务数据信息和地方财政数据、负面新闻数据等，支持主体数据合并及债券数据合并，同

第四章　价值释放：证券公司前台业务的数字化转型

时也支持与外部资讯和内部相关周边系统进行对接。

（2）数据清洗。借助外部金融科技公司多年在数字科技领域的探索和沉淀，充分应用AI技术和量化模型，实现全面的数据校对梳理，通过系统自动监控还原数据的真实性。在系统运营效率方面，可以实现数据实时同步和传输，确保交易结果反馈的时效性。

（3）多维度投研分析工具。在HQE-FIIRMS系统中，拥有多维度、可定制化的投研分析辅助工具，减少了标准化和模式化的基础工作，极大地提升了投研人员的工作效率。

① 报表统计。用户可以通过选择单个或多个组合，完成单产品、多产品维度的统计，并支持按照产品类型、投资经理等维度进行统计。

② 产品指标计算。可以根据不同产品类型提供灵活的指标计算配置，比如集合产品与定向产品在某些指标的计算逻辑上有所区别，针对嵌套产品可以实现相关指标的穿透分析。例如，HQE-FIIRMS在持仓分析中全面展示各产品的全部持仓数据，包括持仓债券面额、面值、全价成本、基础信息、评级信息、成本净价、成本全价、浮动盈亏、估值收益率、修正久期、凸性等重点指标。

③ 评级管理模块。涵盖债券评级管理、跟踪评级管理、债券库管理、移动审批、风险控制、授信试算、建模分析、持仓分析及压力测试、投资组合管理、ABS(Asset-Backed Security)模型测算等全流程、全方位工具库。

④ 舆情分析模块。在提供多维度资讯检索和订阅的同时，通过AI技术对文件进行解析，对持仓债券和债券池债券的评级变动、负面新闻等相关舆情信息实时跟踪提醒。

（四）券商在投资业务领域的数字化实践

(1) 全流程风险管理平台：在满足外部监管要求的前提下，某证券公司从内在业务和发展的需求出发，充分发挥其在数字科技领域的技术优势，为HQE-FIIRMS量身定制覆盖投前支持、投中监控、投后预警的全流程和多部门参与的信用风险管理方案。

(2) 在投前支持方面：实现投前债券库查询、对手方库查询、质押券库查询、个券筛选、主体筛选、剩余额度查询、对手方交易额度、债券主体投资额度等功能。

(3) 在投中监控方面：检查交易是否合规，是否出现反向交易；自动监测价格异常偏离；自动检查各项风险集中度指标是否符合要求。系统还支持对持仓产品进行净值、成本、集中度、偏离度、收益率、业绩报酬、买入卖出量、最大回撤、平均久期、波动率等近30个分析指标进行统计分析，提供多维度的分析视角。

(4) 在投后预警方面：系统支持灵活的预警辅助工具，包括定制化预警设置、预警配置和预警通知等功能。例如，投前的智能排券功能可根据日常交易自动展示各产品的持仓券、可用券、标准券的可用量，同时对当日到期及后续到期的回购交易进行智能提示，极大地便利了投资经理对优质资产的投资调度。智能头寸测算功能则可以根据各产品要素和标的券特征计算现金流及未来资金敞口变化，实时对未来头寸和敞口进行测算，便于投资经理对目前及未来资金头寸敞口情况进行全局把控。

该公司通过整合量化风控系统、内评体系、业务部门经验三道信用风险控制防线，较好地满足客户需求，实现了信用风险管理的

第四章 价值释放：证券公司前台业务的数字化转型

多部门参与。例如，系统会对投前每笔业务进行额度试算，试算结果自动经信评子系统返回，如返回结果不能满足交易，还可发起内评申请，通过线上组织评级，反馈评级结果和授信额度。交易结束后的相关交易、持仓数据自动接入信评子系统，实现交易、信评线上全流程一体化管理。此外，HQE-FIIRMS提供各个不同岗位职能人员对投资业绩、风险、流动性管理等指标的多维视角分析，解决在资产管理规模快速增长情况下风险监控、绩效管理等环节的效率问题。

第五章

平台赋能：证券公司中台业务的数字化转型

中台是对前台应用复用能力的聚合，中台的出现是证券公司多领域联动整合、全面数字化转型的阶段性结果。中台概念于2015年提出，由所谓的"大中台、小前台"战略延伸而来，其本质是为支持前台而生的技术业务服务平台，其存在最重要的目的就是更好地服务前台规模化创新，进而更好地服务客户，使企业真正做到自身能力与客户需求的持续对接，可见有共性聚合要求是中台建设的逻辑起点。

从类型上来说，中台可以分为技术中台、数据中台和业务中台，分别从技术能力、数据能力和业务能力三个方面聚合能力。

技术中台提供安全认证、账号管理、流程引擎、日志管理等"去业务化"的技术能力，由技术部门进行建设。相对而言，其成熟度较高，推进也较为容易。

数据中台是企业进入数据时代所产生的必然需求，对数据进行收集、分析计算、深度学习，并转化为企业的核心竞争力。经过多年的发展，大数据平台的建设已相对成熟，但要建成真正的数据中台，必须以业务为驱动持续建设，数据人员必须洞察数据背后的业务含义，证券公司技术部门的人才结构需要调整优化。

业务中台是对于共性业务能力的整合，数字化技术和数据可以为业务中台提供更强的分析判断和智能化处理能力。从整合诉求的角度看，业务中台存在渠道型整合(同类业务整合)和能力型整合(不同业务共性能力整理)的差异。智能投顾、客户业务办理集中式运营等是典型的渠道型整合，将原先分散在各营业网点、线上和线下的能力通过科技进行整合，其内在业务边界是相同的；投研能力、风控能力的中台化整合是典型的能力型整合，由于支撑的前台业务有所差异，在建设中台时需要考虑各应用前台的共性和差异性，这对业务中台的建设者来说是巨大的挑战。

中台的建设者不能以传统"接需求"的项目建设方式，而是需要以"迭代演进"的产品建设方式匹配整体化的应用架构模式，去除固有的"烟囱式"建设惯式。此外，中台建设更需要有对应组织架构的调整，从技术部门甚至到公司层面构建中台化组织，以推动中台的建设。

第五章 平台赋能：证券公司中台业务的数字化转型

本章将分别讨论证券公司数字化转型在运营管理、风险控制、数据中台中的实践应用，从数字化转型成效和技术角度观察证券公司数字化转型在中台建设中的现实效益，探索证券公司在完善中台数字化过程中的重点关注领域和未来的发展方向。

一、证券公司数字化转型在运营管理中的应用

（一）运营管理的概念背景

在证券业，运营管理覆盖企业经营的各个环节，是支撑业务开展的一系列保障机制，包括组织人员、流程制度和系统数据。运营和风控也在券商业务体系中承担着"承上启下"的作用，对外影响客户响应的效率，对内影响业务处理的成本，如何在风险可控的前提下维持二者平衡是各家券商核心竞争力的体现。

在过去的30多年中，券商不断地挖掘运营数字化转型的前进方向。从分散运营到集中化管理，建立业务运营中心，实现简单、量大、非实时业务的集中化运营；各业务条线合理进行前、后台的分工，以便前台部门专注进行核心工作，并统一内部的业务流程设计原则，实现端到端的精益化流程管理；运用人工智能、流程机器人等新科技实现智慧化运营。

证券业运营数字化转型依据其发展特点可划分为小运营、大运营和泛运营三个阶段(见图5-1)。

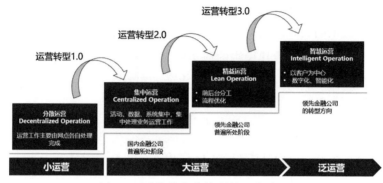

图5-1 运营数字化转型的三个阶段

目前,国内证券业普遍处于集中运营或者精益运营阶段。但随着市场竞争加剧、成本管理优化、客户需求升级、监管要求细化等方面的痛点不断加剧,智慧化运营能力显得尤为重要。

(二)运营管理的实践应用

1. 增效率:基于用户全生命周期的客户渠道数字化运营

1) 用户全生命周期

互联网技术极大地拓展了信息传播的渠道和方式,减少了信息的不对称,用户的自主选择空间增大,市场竞争趋于白热化,券商越来越重视用户全生命周期的价值,在营销、服务内容、运营等方面进行全方位的升级,运用大数据、人工智能等技术与业务场景进行深度融合。

2) 标签化运营

标签化运营是指顺应行业发展趋势,将用户大量的行为数据及交易数据进行集成并有效利用,通过工具化平台将用户运营策略进

第五章 平台赋能：证券公司中台业务的数字化转型

行可视化配置，连接目标用户群和用户服务渠道，有效提升用户运营效率及水平，帮助券商充分利用现有的运营资源更好地为用户提供更为精准和可靠的投资服务。

3) 数据赋能

用数据赋能渠道拓展，基于用户生命周期数据，利用数字化解决渠道管理痛点，更精准有效地识别客群，结合用户的不同特征，提供有针对性的产品和服务，实现用户需求和各种资源的精细化对接。

4) 应用案例：某证券公司的客户渠道数字化运营平台

在用户全生命周期管理方面，某证券公司通过其在业务运营过程中积累的经验，将大数据和人工智能技术与业务深度融合，构建基于用户全生命周期的数字化运营平台，结合自主研发创新，构建"大数据+AI+场景"的运营战略，对传统运营模式实现颠覆性变革。实现以数据驱动的自动化智能营销闭环，在用户拉新、用户挽留、增强用户黏性等方面颠覆以往的运营方式，从营销策划、营销对象、投放方式、效果评估、营销优化全环节重构用户、产品、服务的业务运营流程。

在标签化运营方面，该公司通过建立数字化运营平台灵活发布不同市场的模拟交易活动，如科创板模拟交易活动，及时抓住市场热点，吸引用户眼球，增强用户黏性。通过数字化运营平台对这些活动进行全生命周期管理，有效地追踪、分析用户行为，形成较精确的用户画像，保证运营的精准性。数字化运营平台的相关产品之间可以相互配合，组合成更加多样的产品，形成更加丰富的产品内容投放给用户。

在数据赋能方面，该公司用数据赋能渠道拓展，从用户基于平台的全旅程数据出发，开展渠道价值评估，有效甄别高潜力渠道；建立渠道用户与平台的战略性发展关系，对不同渠道用户的营销策略进行动态调整，并对接用户需求与各种资源，提高二者匹配度，提升营销效果。建立用户画像库和运营策略库，实现目标用户群的锁定和用户服务渠道的打通。完全覆盖券商的常见渠道App、PC(Personal Computer)、H5和微信公众号的线上服务需求，同时支持用户的个性化服务需求，可开展对客户投资理财、财富管理服务深度需求的挖潜，提升客户黏性和贡献度，加快财富客户成长路径，助力证券公司财富管理数字化转型。

2. 降成本：业务及管理智慧化运营

1) 智慧运营

券商运用智慧运营手段降低成本、提升管理的核心应用主要体现在四个方面。一是实时监控各分支机构日常业务的账户情况、运营情况和交易异常情况，及时预警并干预违规流程，提高对各项业务的风险控制能力；二是将大数据应用于分支机构的运营效率、异常操作原因、业务薄弱环节和客户行为的分析，为各分支机构业务的正常、高效、稳定运行提供保障，提升业务开展的个性化水平[1]；三是将人工智能技术应用于账户类业务的办理环节，推动智能审核，提高业务受理及处理效率，降低差错率，提升客户服务能力，以更快的开户响应速度提供更好的客户体验；四是针对常规化流程采用集中化和模块化的管理方式，通过技术检测手段识别异常流程，并提出改进

---

[1] 赵阳，江雅文. 金融科技赋能证券经营机构财富管理转型研究 [J]. 金融纵横，2019(10).

第五章 平台赋能：证券公司中台业务的数字化转型

建议，进一步减少繁复冗杂的人力操作，节约人力成本。图5-2所示为某证券公司引入人工智能技术后所提供的网上开户业务。

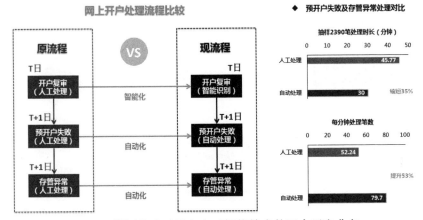

图5-2 某证券公司引入人工智能技术的网上开户业务

2) 集中数字化运营

对于重复任务，可以通过集中数字化运营提升自动化程度，降低成本。集中化运营不再强调人力的集中，而更为注重平台、知识和数据的集中。因此，需要建设统一运营平台对运营功能进行管理、调度、监控和分析，将运营基础能力进行组件化和服务化，并引进机器人流程自动化(RPA)技术作为补充，强调功能的复用和整合，以快速实现各业务场景下的自动化需求。在统一运营平台中，对所有功能采用持续优化管理，为功能开发、运行、变更、退役的跟踪提供保障，引入"众包"机制，为小功能建设困难、运维困难、后续需求响应不及时等问题提供解决方案[①]。

---

① 吴哲锐. 证券公司运营平台建设探讨 [J]. 金融电子化，2019(2)：2.

（三）运营管理的发展趋势

智慧化运营管理在不断地发展与演进中经历了三个重要阶段（见图5-3）。

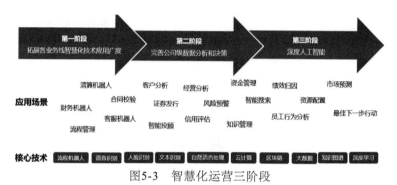

图5-3 智慧化运营三阶段

(1) 拓展各业务线智慧化技术应用广度阶段。在现有各业务条线中展开技术应用的智慧化推广，充分将已趋于成熟的人工智能技术应用于业务活动实际操作中。尤其是在集中化、规范化、流程化的业务活动中加大投入，始终把提升业务效率、降低成本作为智慧化运营工作的核心任务。

(2) 完善公司级数据分析和决策阶段。以建立企业级客户数据分析为目标，构建以大数据、人工智能为技术基础的智能运营分析平台，增加智慧运营的深度。在这一过程中，用户能充分感受到企业智慧化运营的成果，能切身感受到智慧化运营带来的便利。

(3) 深度人工智能阶段。在未来，随着人工智能技术的不断发展与进化，基于金融新科技，必将推动智慧运营转型。用新思维汇聚新人才，用新技术创造新工具，最终形成以深度人工智能为基础的智慧化运营新模式。

二、证券公司数字化转型在风险控制中的应用

(一) 风险控制的数字化趋势

风险控制机制是指公司为避免或减少损失、实现收益最大化、维护公司的可持续发展所必须遵循的制度化的行为方式方法。风险控制的本质就是减小损失发生的概率和降低损失的程度。我国证券公司积极探索风险控制机制的设置[1]。在风险发生后,实施预定的方案,可以将损失控制在最低限度内。数字化风控可以通过数据获得洞察,更快速、更全面、更准确地了解自身运营的各个环节,为企业实现精准控制风险的目标。

(二) 风险控制的实践应用

智能风控是人工智能在证券领域应用的先行领域,金融的核心是风控,证券领域的风控包括用户资料的申请提交和收集、反欺诈、合规建议、逻辑校验、决策授信、关联账户检测、异常交易检测等业务场景[2]。智能风控是指利用机器学习和深度学习的方式建立客户画像评分、黑名单、关联账户挖掘等多种反欺诈模式,构建风险传导预测模型、实现客户授信的智能处理和动态跟踪。其在交易风险评估和实施监管、市场趋势预测等方面发挥了巨大作用。

---

[1] 刘龙. 证券公司风险控制问题 [J]. 合作经济与科技,2013(20).
[2] 杨农,刘绪光. 券商视角下资管科技的创新及展望 [J]. 金融电子化,2021(5):3.

1. 反欺诈

随着证券行业与互联网的深度结合，金融风控面临的传统个体欺诈已迅速演变为有组织、有规模的群体欺诈和关联风险。传统风控还停留在识别一度风险等简单的规则方式。而深度学习技术能够从数据中自动识别欺诈交易，总结交易模式，提升反欺诈、反洗钱侦测系统的侦测率，降低误报率，同时能够实现事中拦截，阻断欺诈和异常交易，降低合规风险。证券公司可以利用知识图谱技术整合工商、涉诉、招投标等外部数据，结合集团的内部数据，形成客户多维度视图，并基于此形成链状、圈状的客户群视图，生成企业投资关系、担保关系等关系图谱，为风控和授信提供依据。

2. 关联账户

目前对于关联账户的识别与筛查，不同的监管部门均有一定的判别标准和认定规则，这些标准与规则来源于监管机构业务人员长期的工作经验，具有较高的准确性。由于监管部门给出的是关联账户筛查的强规则，基于强规则的筛查能涵盖关联行为明确的关联账户，而对于接近规则边界的蓄意违规账户，强规则较难发现。华尔街的两家交易所先后宣布在短期内利用AI人工智能工具进行监管的计划。AI工具可以更快速并自动化、智能化地识别交易中的违法违规行为。国内的交易所也利用人工智能进行关联账户的发掘和探索，利用交易数据，以及知识图谱和深度学习等计算，从空间、时间、价格、成交量四个方面对海量交易数据进行深入的分析挖掘，从而自动关联并识别标记出存在违规嫌疑的交易。

3. 风险传导预测

在市场风险方面，突发事件对股市的影响是不可忽视的。特别是"黑天鹅"事件或许会对股市产生连锁式的影响。为了能够分析出这类事件对未来走势的影响，分析师需要搜集大量的资料，并通过统计建模找到一些相关性，再通过回测等手段最终给出方案。在信用风险方面，利用知识图谱搭建风险传导检测体系，用以预测在单一个体发生违约风险时，风险传导的路径、范围和可能带来的影响。

4. 应用案例：某公司智能风险预警平台

某公司智能风险预警平台凝聚公司在固收投资领域多年的经验，将人工智能AI与人类智能HI(Human Intelligence)进行有机结合，构建智能化风险预警体系。该公司智能风险预警平台注重风险趋势，捕捉信用恶化先验信号，结合风险传导，完备整体风险评估体系，追根溯源，模型归因，精准舆情抓取，还原信用发酵故事线，整体历史数据可追溯至2018年，覆盖全量公开发行债券及部分上市企业主体约7000家。

智能风险预警中的风险传导模型基于企业知识图谱而构建，该图谱同时考虑了发债企业和相关企业，重点在于对专家经验的沉淀，并通过一定的机器学习模型对这些经过沉淀的专家经验进行泛化。

通过智能风险预警分析，有效发出一系列企业高风险预警信息。例如，某医药公司是全国领先的医药流通企业之一，2021年4月26日其旗下债券因未按时兑付本息被认定实质违约。据预警显示，2020年7月1日，因其上市子公司所发布的新一季年报发生亏损，并且引起了广泛的舆论争议，被指其大股东违规占用巨额资金，导致上市子公司的舆情指数飙升，其信用风险明显上升，并牵出其发债母公司的隐藏信用风险,将其推送进高风险预警名单,较其实质违约提前299天预警。

(三)风险控制的发展趋势

随着金融科技在证券行业的加速渗透,以及宏观经济形势日益增强的不确定性,风险控制对于证券公司的重要性日益增强。金融科技在赋能证券行业的同时,也会带来新的风险。金融科技的发展带动了证券公司的业务活动更加数字化、虚拟化、复杂化,模糊了市场参与者的身份特征、行为模式等关键要素,使得市场违规操作更加隐蔽、智能,进而加大了新兴技术应用的技术风险,增加了新兴技术应用于证券行业带来的金融风险识别、防范和处置难度。因此,随着证券行业的整体环境愈加趋于数字化和智能化,证券公司对科技创新的投入将不断增加,利用数字化手段构筑完整、体系化的风控新机制以适应新的时代背景。

三、证券公司数字化转型在数据中台中的应用

(一)数据中台的概念背景

建设数据中台首先需要采集、计算、存储、加工海量数据,同时统一标准和口径。将数据统一在数据中台之后,形成标准数据,

第五章 平台赋能：证券公司中台业务的数字化转型

再进行存储，进而形成大数据资产，为客户提供高效的服务。由于这些服务和企业业务的关联性较强，是企业独有且能复用的，也是企业业务和数据的沉淀。数据中台包括数据模型、算法服务、数据产品、数据治理等。这样的架构可以在降低重复建设的同时减少"烟囱式"系统应用开发的成本，并最终形成差异化竞争的优势。

数据中台建设有多个方面的价值和意义。

(1) 通过数据整合，建立"数据资产"目录，重构服务业务价值链。基于多年的经营数据，梳理数据主题模型和指标库，进行跨业务域数据整合，建立"数据资产"目录，实现渠道优化和精准营销支持，服务行业业务运营和决策分析活动。与此同时，围绕数据梳理全公司业务能力，并以此统一规划数据的应用体系。

(2) 建立企业级的数据治理体系，并有计划地推动数据治理工作。在建立数据治理体系的同时，明确数据治理工作的目标与策略，设计数据治理的组织架构、制度与流程等。持续开展数据治理的落地工作，并对落地的成效进行评估和考核，数据质量将得到有效提升。

(3) 加强数据架构基础能力建设，支持数据架构转型。通过传统数仓与大数据平台的优势互补，进行数据架构转型，提升非结构化数据和海量数据的存储和处理能力。在建设实时、准实时决策支持能力的同时，形成面向异构、多对象、海量信息的智能分析和运用能力，并提供丰富的数据使用手段，为不同的用户群体提供不同的数据服务方式。

(4) 加快数字化经营思维转型，以数据业务思维进行金融场景化建设。"源于业务，终于业务"，为终端用户和系统提供标准化的数据产品,并构建贴近终端用户的数据模型共享服务体系。

(5)加强数据资产可视化建设,解决"如何看数据,如何使用数据"的问题。将元数据、数据模型、数据指标、数据服务等数据资产归集,由企业数据服务平台的数据门户展示给相应的业务数据使用和管理人员,数据使用人员根据数据业务思维,发现规律,提升决策效率。

(二)数据中台的实践应用

1. 证券业数据中台的架构

证券公司数据中台的架构如图5-4所示。

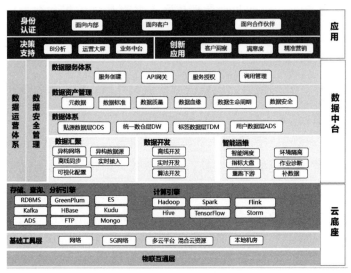

图5-4　证券公司数据中台架构图

资料来源:付登坡,江敏,任寅姿,等. 数据中台:让数据用起来[M]. 北京:机械工业出版社,2019.

第五章 平台赋能：证券公司中台业务的数字化转型

基于数据开发和数据汇聚模块，中台已经具备传统数据仓库(简称数仓)平台的基本能力，能够用于数据的汇聚及各种数据开发，帮助建立企业的数据体系。证券行业数据中台的体系架构大致如下(见图5-5)。

图5-5　证券行业数据中台体系架构

资料来源：付登坡，江敏，任寅姿，等. 数据中台：让数据用起来[M]. 北京：机械工业出版社，2019.

2. 数据中台的建设

只有区分数据中台和数据仓库、大数据平台三者的概念，才能快速搭建和规划数据中台。数据中台是企业级的逻辑概念，一般通过API的方式为业务提供服务。它可以建立在数据仓库和数据平台之上，更加接近业务，是促使企业数据转化出业务价值的加速器。数据仓库的概念更为具体，为企业的分析性报告、支持企业的管理决策而创建，它能够整合有多个来源的、大量的历史结构化数据，支持数据应用。大数据平台则通过汇集企业的各个业务系统，融合结构化和非结构化数据，并以数据集的形式提供数据应用，以此提升业务效率。

一般而言，数据中台是在数据仓库和大数据平台的基础上，将数据生产为一个个数据API服务，为业务提供更高效的服务方式，其本质是构建在数据仓库之上的跨业务主题的业务系统。数据中台可以说是几十年来企业数据管理发展的产物，是聚合和治理跨域数据，将数据抽象封装成服务提供给前台，以提升业务价值的逻辑概念。

3. 券商可利用客户中台构建全景客户画像，实现差异化精准营销

在数字化愈加普遍的现代社会，营销将更加依赖于数据。由于企业中的不同部门依赖不同方面的客户数据，且有各不相同的应用场景，企业需要一个统一、准确的数据源来描述客户，而不是任由不同部门各自存储客户不同维度的数据。所以，将所有客户数据存储在统一数据池，并支持多部门访问的客户中台应运而生。

客户中台可以快速汇集各部门从传统CRM、客服、销售、网站或App等各类数据源获取的数据，将数据根据业务定义整合汇总于统一的数据池中，形成一致且持续更新的客户档案，并最终对接企业内外部各种数据源，以支持不同部门在构建客户画像、智能营销、广告效果追踪、用户精细化管理、报表分析等应用场景中使用数据。由于客户中台的核心逻辑是服务业务人员，其设计的核心是低代码。客户中台为业务人员提供简单的操作界面，并给予业务人员很大的自由，使其可以自主、完全控制数据的使用和流动，决定需要什么数据源，如何对用户打标签，把数据传递到哪些平台等。

客户中台可以帮助券商实现精准营销。随着行业内外部环境的

第五章 平台赋能：证券公司中台业务的数字化转型

不断转变，证券公司应当明确"以客户为中心"的核心理念，从获客端入手推行数字化转型的实践，洞悉客户的实际需求，实现精准营销，而360度客户画像是其中必不可少的关键环节。客户中台为券商构建360度客户画像提供了优秀的解决方案，其集成了企业在每个渠道和客户交互的一手数据，通过对客户的全量数据信息进行采集如浏览数据、历史投资情况、整体资产情况、家庭情况等，证券公司可以对客户进行分级，并制定多维度的标签分类，从而构建一个持续更新的360度客户画像。全方位且多维度的客户画像最终可以助力证券公司深度了解客户需求，以便为客户有针对性地灵活配置适用的产品及服务，实现精准营销，提升营销成功率和单客价值。

4. 应用案例：某证券公司"数智中台V3.0"

长期以来，某证券公司致力于推动自身数字化转型，提升金融科技水平，应用前沿科技赋能业务模块，推行以科技驱动业务发展的业务模式。在2021年12月由该机构举办的2021HUA TECH科技博览会上，正式发布了其研发的"数智中台V3.0"。

数智中台V3.0以数据资产化、服务化、产品化为核心逻辑，旨在打造先进的中台核心技术平台，并实现向上和向下双向赋能，向上依托产品力和服务力支持高效、敏捷响应，向下支持数据快速高效汇聚。同时，数智中台V3.0集合数据采集、模型建设、数据管理、数据应用功能于一身，将保证数据质量、统一数据标准为主要目的，面向数据生产者与数据管理者打造了高标准、创新领先的数据基建平台和数据资产中心。在保证数据质量、统一数据标准后，数智中台V3.0将应用"好数据"打造全链路数据产品矩阵，通过实现业务数据化、数据资产化赋能业务，为数据消费者创造价值，利用数据推进证券业务发展。综合看来，该机构力图通过科技创新手段打造智能的数据中台，全方位提升在数据采集、管理、应用方面的能力，为推动财富管理和机构业务的发展和增长提供核心动力。

（三）数据中台的发展趋势

在数据中台落地建设的初期，券商更多的是采用IT牵头、技术驱动模式，项目建设具有一定的盲目性，典型的情况是平台没有应用场景或者缺失应用场景，典型的供应商是具有互联网技术背景的团队。但数据中台与传统数据仓库和大数据平台最大的不同点就是数据中台距离业务更近，应由业务场景驱动，而不是由技术需求驱动。因此，数据中台的建设应以业务场景为核心。中台建设更加理性，从业务场景蓝图开始，探索和识别数据利用的价值场景，根据公司业务的战略目标排出优先级，然后将不同业务价值场景对数据、技术的需求抽象建模成为数据服务目录，再由业务场景牵引着逐步建设，快速迭代。在未来的发展中，公司将普遍从自身的实际情况出发去选择数据中台，中台厂家也要增进对业务场景的理解，根据不同企业的业务场景进行量身定制。基于数据项目的需求，构建数据中台可以按照以下优先级顺序：首先建设以管理驾驶舱为驱动的数据仓库，进一步进行面向各业务主体的全面数据治理和"非结构化数据+海量数据"的大数据平台的建设，最终实现用数据赋能个性化客户服务。

第六章

行稳致远：证券公司后台业务的数字化转型

券商的后台部门包括清算托管、信息技术、财务、人力资源和合规风控等。从系统架构方面来看，后台系统是由一系列的后端平台所组成。一般来说，每个后台系统管理企业的一类核心资源，例如ERP（Enterprise Resource Planning）财务系统、产品系统、CRM客户关系管理系统等，这些系统构成了企业的后台。

实践发现，后台并不经常为前台而生。大多数现有的后台主要定位于提高企业的管理效率，而不是着眼于支持前台快速创新、及时响应需求，因此与前台割裂，前台无法利用后台的资源，或者利用时很不方便，或者后台的变更速度远远滞后于前台更新的节奏。在这样的背景下，后台的数字化转型意味着将后台作为大数据的提供者和生产者，后台的数据被提供给中台，提高中台支撑前台创新的能力，进而更好地响应客户需求，令企业得以持续性地满足用户不断变化的需求。

本章关注数字化转型在证券公司后台的监管合规及各项管理职能方面的实践应用，旨在为证券公司后台的数字化转型提供建设框架、落地措施、完善方向和创新思路。

一、证券公司数字化转型在数据治理中的应用

（一）数据治理的内涵

广泛认同的数据治理是指围绕将数据作为企业资产而展开的一系列的具体化工作。

数据治理在确保数据的准确、适度分享和保护中起到至关重要的作用。有效的数据治理计划能够在改进决策、降低成本并提高安全合规性的同时，将价值回馈业务，并最终实现收入和利润的有效提升。数据治理本身属于一种公司层面的治理活动，并且区别于一般的管理和管控活动，是从企业高管层面、组织架构层面、机构职责层面入手，建立覆盖全流程、各类业务、所有部门的企业级数据治理体系，从公司层面自上而下地推动数据相关工作的开展，最终达到满足企业内、外部数据用户的用数需求的目标。但是数据治理的主体工作往往是基础性的数据工作，难以满足最终目标。因此，数据治理必须以数据应用为驱动，以长期规划结合短期速赢，迭代

第六章　行稳致远：证券公司后台业务的数字化转型

推进相关工作。

国内外金融机构开展数据治理一般会经历以下几个发展阶段：①自发阶段，此为"野蛮生长"阶段，没有统一的数据治理，各部门自发管理数据；②基础阶段，此为"为治理而治理"阶段，公司明确了数据治理牵头部门，同时制定了配套的制度并执行；③转型阶段，此为"融入血液"阶段，采用了精细化管理，将数据治理融入日常业务流程；④成熟阶段，此阶段主要从数据治理转变为数据服务，以数据应用驱动数据治理。

（二）数据治理的实践应用

在证券业发展的30多年里，各家券商都陆续建设了ERP系统、CRM系统、交易系统、HR系统、集成门户、决策支持系统等各类信息化系统。这些系统通常都是独立运行，分别服务于不同的部门，满足不同部门的业务需求。之后，又由于业务和IT技术的逐步发展，各个业务系统不断扩展、升级，从而形成了一个又一个独立的业务数据环境，缺乏企业整体的统一规划，使得需要在各个业务中共享的核心数据被分散到各个业务系统进行分别管理[①]。

在以应用为中心的信息化过程中，由于各个部门在开发或者引入各类应用系统时，都是单一地追求各自的功能实现，而忽略了企业整体的统一规划，没有从全局视角进行分析和协调，导致数据不一致、数据冗余等情况与日俱增。例如，某证券公司在零售业务系

---

① 杨农，刘绪光．券商视角下资管科技的创新及展望 [J]．金融电子化，2021(5)：3.

统中记录的客户号类型为数据型,在恒生交易系统和数据仓库中记录的客户号类型为字符型,极大地影响了数据匹配的效率。在不同的应用系统中,营业部的名称也可能不一致,如"上海斜土路""斜土路营业部""上海斜土路证券营业部"等。

应用案例:某证券公司数据治理体系建设的实践

某证券公司以构建"共建、共治、共享"的财富管理生态为目标,围绕客户、产品、队伍、渠道四大要素,提升投研、客服、科技及风控能力,通过数据连接、技术驱动和开放协作,实现数字财富管理转型。

1. 360度全方位的数据治理覆盖

要建立"业务—技术—组织""三位一体"的数据治理体系,一是建立数据标准,规范数据质量,提升部门数据共享和应用的能力;二是优化企业业务流程,建立数据治理的协同长效机制;三是创新组织制度保障,强化数治思维。三管齐下,助力数据治理顺利推进。

(1) 业务面。数据治理以业务应用为导向,找到管理层和业务部门的数据问题、痛点及用数需求,在数据治理的过程中,业务部门既是数据的生产方,也是数据的使用方,围绕数据治理建立及优化以业务协同为目标的数据治理流程及规范体系[①]。

(2) 技术面。构建以元数据为基础,以数据标准为核心,以主数据及参照数据为关键,以数据质量提升为目标的数据治理体系,管

---

① 肖泱. 基于人行二代企业征信数据标准的融资租赁公司数据治理研究 [J]. 中国管理信息化,2021,24(11).

第六章　行稳致远：证券公司后台业务的数字化转型

理数据资产，让数据可看、可查、可管、可用。

(3) 组织面。数据治理组织是跨职能的，建立数据治理委员会、数据治理执行团队等组织，负责整体数据战略、数据政策、数据标准、数据度量指标等数据治理规程问题。数据治理的成功落地离不开组织制度体系的保障，是数据治理长效运行的基础。

2. 体系化的数据治理管理机制

公司的数据治理管理制度建设可分为三个部分，具体如图6-1所示。

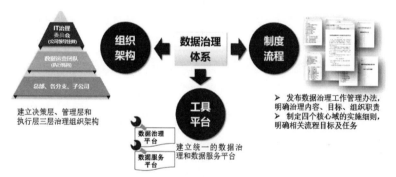

图6-1　数据治理体系制度建设

1) 组织架构

数据治理项目涉及范围广，牵涉到不同的业务部门、信息部门和应用系统，需要协调好各方关系，目标一致、通力协作才能保证项目的成功，而有效的组织机构是开展数据治理的有力保证。

在数据治理的实践中，"确权、定责"非常关键，是避免后续部门之间相互推诿、扯皮的重要措施。在确定数据治理的组织机构框架后，需要对每个角色的权责进行明确。主要职责及分工如图6-2所示。

(1) IT治理委员会，即数据治理的决策层，主要负责制定企业数据战略，把控数据治理的总体策略，为数据治理目标指明方向，对数据治理过程中的重大事项进行决策。

组织机构	角色名称	主要责任	资源配置要求
决策层	IT治理委员会	制定企业整体数据战略；批准数据治理总体策略和管控模式；指定数据质量考核政策	企业高层管理人员
管理层	数据治理办公室/数据治理主管部门	指定并优化数据管理流程与制度；指定并优化数据标准；指定并优化数据运营管理制度，保障数据质量、数据安全	相关业务部门负责人信息部门负责人
执行层	数据主责人	对数据具备拥有权，负责数据的生产；定义数据标准，定义数据质量监控规则，识别敏感数据；负责新增数据的审批	核心业务骨干业务专家
执行层	数据使用人	数据浏览和查询；数据申请、下载、使用	相关业务负责人
执行层	数据录入人	按既定的数据规则进行数据录入	业务部门数据专员
执行层	系统负责人	负责对数据治理平台的管理和维护；负责对相关业务系统的管理和维护	信息部门负责人信息部门专员
执行层	技术支持人	负责对数据继承、数据使用过程给予技术支持负责数据相关应用的开发	信息技术技术人员

图6-2　数据治理组织角色分工

(2) 数据治理办公室是数据治理的经营管理层，主要负责企业数据标准、数据管理流程和数据管理相关制度的制定，审查数据质量，贯彻落实数据标准，监督数据治理效果。

(3) 数据治理业务执行层及数据运营团队，主要负责数据治理的贯彻执行。数据治理执行层可以由数据主责人、数据使用人、数据录入人、系统负责人、技术支持人等角色组成。

2) 制度流程

在数据治理体系中数据规范包括三个方面，即数据标准规范、数据质量规范和数据安全规范。

(1) 数据标准规范是一套由管理制度、管控流程、技术工具共同组成的体系，在推广使用这套体系的情况下，通过应用统一的数据

第六章 行稳致远：证券公司后台业务的数字化转型

定义、数据分类、记录格式和转换、编码等实现数据的标准化。数据标准规范包括业务术语描述、数据模型标准、主数据和参照数据标准、指标数据标准等。通过对数据进行标准化定义和描述，解决数据不一致、不完整、不准确等问题，消除数据的二义性，使得数据在公司层面上有全局的定义，减少各部门、各系统的沟通成本，提升业务处理效率。

(2) 数据质量规范是明确数据质量管理要求，制定数据质量指标(常见的数据质量指标包括数据唯一性、数据完整性、数据准确性、数据一致性、数据关联性、数据及时性等)，定义数据质量规则，确定数据质量标准和制定数据质量的测量和分析方法，通过对数据质量进行控制，提升数据质量和数据管理水平。

(3) 数据安全规范是识别敏感数据，进行数据安全的分类、分级定义，确定数据安全职责，明确敏感数据的访问和使用权限的规范体系。

数据管理规范是数据治理成功落地的保障，管理规范包括数据管理流程、数据管理制度和数据监督考核制度。在数据管理流程方面，数据治理应贯穿数据的整个生命周期，在数据的规划、设计、创建、变更、存储、使用、销毁的各个阶段应设置相应的管理流程，比如数据需求管理流程、数据创建流程、数据变更流程、数据销毁流程等。在数据管理制度方面，管理规范配合管理流程，在每个管理流程中设置管控点，明确每个管控点的管控目标、管控要素、标准规范和操作规程，与数据管理流程相辅相成。项目常见的数据管理制度有数据填报规范、数据清洗规范、数据采集规范、数据运维制度等。在数据监督考核方面，监督是监督过程，考核是考核结果。数据治理的过程监督是对数据治理相关流程和制度执行情况的检查，通过制度规范和约束数据管理过程。考核是数据治理制度有效推进和落实的根本，建立相应的数据治理考核办法，并关联组织及个人绩效。数据治理不但要严抓过程，而且更要注重结构。

3) 工具平台

通过建立数据治理的工具平台，来解决企业数据孤岛、丢数据、数据不一致等问题，实现数据管理(标准、质量、安全、认责等)与数据服务(采集、交换、加工、共享等)的深度融合，同时还可以提供数据资源目录、全景化视图、治理评估等功能指导信息系统设计、建设、运维各阶段工作，提高系统运维效率。

3. 人才保障体系建设

组织机构、角色分工、数据标准和管理制度构成了数据治理项目成功实施的重要保障。同时，按照DMM数据管理能力成熟度模型(Data Management Maturity)要求，持续的人才保障也是衡量公司数据管理和治理能力成熟度的关键考察要素。

因此需要加强人才培养。加强数据专业人才的培养是数据治理组织机构建设的重要支撑，也是数据标准和制度流程体系能够顺利落地的保证。

数据治理的目的是提升数据质量和数据变现的能力，让数据成为利润中心的一部分。要实现这一目的离不开技术和管理，更离不开数据人才，而成熟有效的人才培养体系是数据治理长期持续成功的保障。

第六章　行稳致远：证券公司后台业务的数字化转型

（三）数据治理的发展趋势

在大数据时代，数据价值越来越受到广泛的认可。数据并不等于数据资产，只有对企业有价值、能产生收益的那部分数据可以看作是资产。在现实中，数据资产的现状并不乐观，数据质量差、数据孤岛难以实现数据共享、数据应用安全难以控制等问题极大地限制了数据应用的深度和广度，数据价值也难以被准确评估[①]。证券公司的数据治理发展应以业务价值为导向，以共享协同为重点，以优化流程为关键，以技术创新为支撑，以组织制度为保障，明确数据治理的业务目标和治理范围，并进一步完善数据治理的长效机制，实现业务流程的持续优化、数据标准的迭代更新，确保数据治理机制的日常持续、有效运转，充分发挥治理体系的效能，释放数据成效并实现业务价值。

为引导券商金融机构加强数据治理，充分发挥数据价值，全面向高质量发展转变，证券业监管机构和行业协会应该参考银行业、保险业的成功实践，推动全行业数据治理工作的提升。

(1) 建议完善证券行业的数据治理规则，对券商数据治理的各项要求进行统一的规范和要求，比如治理原则、组织架构、岗位设置、资源投入等，突出数据治理的重要性和紧迫性，提高券商的重视程度，引导其数据治理工作的开展，提高各企业和全行业的数据治理能力。

(2) 持续跟踪和评估证券行业数据治理情况的发展演变，总结提

---

① 王玲，朱阿柯，龙建益，等．证券公司数据治理模式和路径研究[J]．清华金融评论，2021(3):5．

炼有示范意义的实践案例和解决方案，供各证券公司作为数据治理工作的借鉴与参考。定期或不定期组织行业交流会或培训会，进行经验分享和案例学习，形成良好的创新氛围，推动全行业数据治理水平的提高。

(3) 围绕数据治理制定全行业的统一标准，比如数据采集、数据分类、数据标准、数据质量、数据安全等，对数据服务商和系统供应商提供的外部数据服务进行规范，提高行业的数据治理标准化水平，并为证券公司的数据治理工作提供指导和规范，并为将来全行业的数据互联互通、共享合作减少障碍、奠定基础。

(4) 建议头部券商和在数字化转型领域取得领先地位的券商发挥带头示范作用，加强对行业基础数据的整合，积极推动行业内部数据共享与合作，构建行业数据治理生态。同时，倡导证券行业数据治理规则的制定和实施，确保在数据使用和共享的过程中合法合规，保护客户隐私和数据安全。

二、证券公司数字化转型在合规管理中的应用

在新一轮的科技革命和产业变革的影响下，金融行业在前台业务领域不断推动数字化转型。近年来国内监管呈现趋严的态势，在此背景下，金融机构的合规成本大幅提高，包括对合规人员及合规技术的投入，监管要求的软件和硬件迭代及违规处罚等，因此利用科技手段，加大后台数字化转型的应用，满足复杂且不断深化的监

第六章　行稳致远：证券公司后台业务的数字化转型

管要求，增强合规能力，提高合规效率的转变迫在眉睫。

（一）合规管理数字化转型的概念背景

合规数字化转型来源于对合规科技的应用，合规科技概念来源于2008年次贷危机以来产生金融强监管带来的合规成本的提升。合规成本的提升主要体现两个方面：一是在金融机构为应对监管合规要求而做出的合规投入；二是金融机构因为违反监管金融规范行为而接受的监管处罚。

从金融机构为应对监管合规要求而做出的合规投入来看，主要体现在人力投入和资金投入方面。2017年，中国证券监督管理委员会发布《证券公司和证券投资基金管理公司合规管理办法》，同年中国证券业协会发布了《证券公司合规管理实施指引》，其中明确要求各大券商公司强化合规管理，构建合规管理体系。例如，对人力投入方面的要求是："证券公司总部合规部门中具备3年以上证券、金融、法律、会计、信息技术等有关领域工作经历的合规管理人员数量占公司总部工作人员比例应当不低于1.5%，且不得少于5人。"同时还要求："证券基金经营机构应当制定合规负责人与合规管理人员的薪酬管理制度。合规负责人工作称职的，其年度薪酬收入总额在公司高级管理人员年度薪酬收入总额中的排名不得低于中位数；合规管理人员工作称职的，其年度薪酬收入总额不得低于公司同级别人员的平均水平。"依据2020年已披露的上市券商年报中，有超过20家披露了该年度在合规管理上的投入金额，共计52.51亿元，其中国泰君安和海通证券投入金额最高，分别是6.03亿元和5.57亿元。

从金融机构因为违反监管金融规范行为而接受监管处罚来看，依据2020年监管处罚数据统计，中国证券监督管理委员会及其派出机构给证券公司和从业人员共开出225张罚单，同比增幅59.4%，罚单数量大增，同时呈现既罚机构，又罚个人的连带处罚趋势。2020年有8家券商因处罚被暂停一项或多项业务，其中不乏涉及金额的行政处罚，2020年中国证券监督管理委员会及其派出机构处罚证券公司及其从业人员共22次，合计罚没金额为2933.77万元。

在金融业务不断发展的今天，金融服务的边界不断扩大，合规的风险敞口也不断增加，为金融机构带来合规投入和监管处罚的负担也在不断增加。而传统的金融合规手段往往投入大、效率低，难以全面覆盖潜在的合规风险，因此数字化合规科技转型为金融业规避合规风险带来了另一种可能性，即券商金融科技与合规科技相结合，在满足监管合规和规避合规风险的同时，降低合规成本的投入，从而提升运营效率，增加核心竞争力。

（二）合规管理数字化转型的实践应用

金融科技广泛应用于证券基金经营机构，为客户、产品、服务、线上渠道等前台业务带来了明显的直接收益，然而数字化在金融机构中、后台部门的应用较为局限，比如风险管理、内控、反洗钱、合规、审计等领域的应用仍然停留在以资本、指标、规则为主的传统监管范式。在利率市场化持续加速的背景下，金融机构的产品结构日趋复杂，范围也难以控制，风险因子和风险敞口呈现多样化的趋势。证券公司的金融科技应用重点逐步转向以监管合规为中

第六章 行稳致远：证券公司后台业务的数字化转型

心，数据驱动的风险管理与合规管理日渐突出。

应用案例：某证券公司合规管理的数字化实践

1. 监管报表/报告

监管、法律法规等合规性要求证券公司从多个维度和口径进行金融数据统计，合规数据的标准化和自动化成本较高。为提升合规数字化水平，实现合规数据的标准化，证券公司需要应用多种新技术清洗加工数据、自动生成合规报告。在合规数据的处理阶段，API技术等方式被金融监管部门与金融机构应用于实时数据交互，帮助减少人工干预，提升金融机构的数据报送能力。

在数据标准化方面，云计算被应用于对不同数据的集中处理分析过程，提高金融机构之间的数据通用效率。在合规数据的传输过程中应用安全多方计算、数据安全存储单元等加密技术，为数据在传输过程中不被窃取、篡改、破坏提供保障。基于属性、对象和访问类型标记数据，加强数据采集的安全性和可靠性。在数据清晰的关节中，综合运用数据挖掘等手段对海量异构金融数据进行多层清洗，为风险态势的分析提供更加科学合理的数据支持[1]。

该公司正着力建设统一的数据报送平台，借助科技手段，规范、管理公司相关财务信息、各项业务信息、管控信息、专项信息等多个方面的数据填报，进一步提高自动化程度，降低错报、漏报、延报的概率。

该平台在技术方面具有以下特性：第一，平台整体完全去CRES

---

① 薄纯敏. 金融科技改变监管新范式 [J]. 金融博览（财富），2019(12).

化(CRES是指通信交易处理的一体化平台)，以此降低系统的复杂度，实现整体微服务化；第二，支持与公司各业务系统的数据对接，解决各系统数据分散、彼此独立的问题，构建报表系统的全局指标库；第三，采用高可靠性的分布式计算框架实现海量业务数据的统一采集和中间层业务数据的离线计算处理；第四，采用以JRES(技术中台)应用服务为核心的B/S服务架构。JRES具有组件化、松耦合、可扩展、开放接口和内存极速交易的特点，通过JRES中台划分如报送管理等在内的若干个业务模块，满足所有响应式交互请求，实现全流程化报表报送管理。通过微服务架构实现业务层服务架构的松耦合，以高度的可扩展性和灵活性适应未来的业务发展变化。目前该证券公司已经实现资管业务报表的自动化数据采集、勾稽校验和自动报送，日常报送反馈结果正常。项目团队正在开发CISP(Certified Information Security Professional)报表和证券投资基金销售机构数据报表。

2. 监控监测

1) 执业行为监测

新《中华人民共和国证券法》中明确强调，证券从业人员在任期或法定期限内，不得直接或以化名、他人名义持有、买卖股票或其他具有股权性质的证券，不得收受他人赠送的股票或者其他具有股权性质的证券。相关人员包括证券交易场所、证券公司和证券登记结算机构的从业人员，证券监督管理机构的工作人员及法律、行政法规等禁止参与股票交易的其他人员。

该公司通过数字化强化对员工执业行为的监测，上线员工执业

第六章　行稳致远：证券公司后台业务的数字化转型

行为监测系统，通过系统对员工的执业行为进行统一监测。该系统全面结合监管要求，创新设计灵活组合的名单，可自定义设置，实现流程化合规管理。系统主要通过对员工身份证号、手机号码、电话号码、IP地址、Mac地址等维度进行监测，对员工开通证券账号、委托交易、代客理财等行为进行监控。监测系统上线后，合规监测工作实现了对公司员工执业行为监测的实时化、全覆盖，初步解决了合规监测手段不足、监测覆盖面不足、监测时效性不足等手动监测时期存在的痛点，有效提升了合规监测工作的及时性和准确性。

2) 客户交易行为监测

根据相关监管要求，证券公司需要对客户的交易行为进行管理，需要建立、完善有效的证券交易和资金监控系统，监控系统中需要设置相关预警指标，关注虚假申报、拉抬打压、维持涨(跌)幅限制价格、自买自卖和互为对手方交易等行为，及时发现、制止可能存在的异常交易行为。监管的目标与思路是维护市场秩序，及时发现制止异常交易行为，维护市场公平，防止利用资金优势、持股优势、信息优势破坏公开、公平、公正的市场环境，保护投资者，尤其是中小投资者的合法权益。

证券公司可以通过数字化完善对客户交易行为的监测，利用大数据、云计算等新兴技术，覆盖交易前、交易中、交易后三个阶段，实时反馈跟进，简化业务流程的检测，全面覆盖交易前、中、后台的全过程，最终将检测处理意见以可视化的形式呈现，以此降低成本，提高金融机构的运营效益。

该公司已上线投资者异常行为风控系统。该系统具备对证券市场交易行为的实时监控预警和数据分析功能，可以帮助监测分析人员及时发现证券市场异常情况，掌握交易动态，分析市场运行状况，发现及制止违规行为，防范市场风险。其具有以下几个特点：一是贴合监管，针对交易所对异常交易行为的管理要求，系统能够进行客户分类监控，风险分类处理，对所有操作进行留痕等；二是指标全面覆盖，如虚假申报、涨跌价格申报、反向交易、自买自卖、高买低卖、大宗交易、超限买入风险警示股、程序化交易等；三是阈值精准，根据交易所警示函协查情况，更新指标阈值，精准贴合监管要求，帮助客户规范交易行为；四是高性能反应及时，高并发、分布式缓存计算，具备高性能的监控能力，可以在第一时间发现异常并预警。

该公司探索并建立异常交易、账户实名制、反洗钱可疑交易、疑似垫资等"四位一体"的工作联动机制，通过数据分析搭建匹配客户行为的异常交易预警指标，系统提醒配合合规教育，提高客户合规意识，以合规交易、避免监管惩戒为目标引导客户转化违规交易策略，同时实现交易所监管函件处理流程化。

典型的客户交易行为管理流程包括以下几点。

(1) 事前了解客户。穿透到实际控制人、操作人和受益人，明确拒绝接受委托或者终止委托的情形，明确合规教育工作。

(2) 事中监控交易。设定监控指标和预警参数，根据重点监控名单加强管理，分析判断存在异常情况的交易。

(3) 事后报告异常。及时分析客户的交易情况，对异常交易、涉嫌关联、存在一致行动关系或涉嫌违法违规的发起回访，及时报告。

(4) 监管协同。收到函件后及时告知和送达客户，并视情况要求客户提交合规交易承诺书，采取有效措施消除异常交易的影响。

第六章　行稳致远：证券公司后台业务的数字化转型

3) 反洗钱

监管机构要求证券公司通过技术手段为反洗钱工作提供必要的保障，积极发挥信息系统对反洗钱工作有效开展的作用。

传统反洗钱管理存在的问题主要有以下三个方面。

(1) 反洗钱的数据问题，数据源广，涉及多项业务数据系统，包括集中交易系统、投资交易系统、OTC(Over-the-Counter)等；接口规范性差，由于数据源厂商较多，接口无专人维护，导致数据接口无统一的规范标准；数据不准时，运维人员无法定位数据错误点，无数据校验，无历史跟踪；数据提取难，按照《证券机构反洗钱执法检查数据提取接口规范》，无法完整快速地提取。

(2) 流程管理有难点，流程表单数据不准，在对大额可疑流程和等级划分流程审核时，流程中的数据有时会出现不准甚至为空的情况；流程回退困难，退回后不能编辑之前的内容，只能编辑审核意见；流程流转不便，当多人处理时，需要所有人员均处理后才能提交下一节点；负载压力大，多人同时登录系统压力大，对机器性能要求高。

(3) 工作场景化不足，工作入口不清晰，岗位工作入口不统一，总部与分支机构工作入口不清晰；统计汇总能力不足，各级岗位需要点击多个菜单才能获取想要的汇总数据，没有可以一目了然的汇总统计数据；无监督功能，总部人员不能及时了解反洗钱工作的任务执行情况，无法督办。

为此，该公司建立了一站式的反洗钱工作平台和全新的流程架构，操作人员在首页的工作入口可以看到任务汇总，总部的管理人员可以实时查看数据的分布情况，有一键催办功能，实时查看营业部门的执行情况,其反洗钱统一管理系统具体如图6-3所示。

建立客户洗钱风险档案主要包括三个方面。

(1) 统一客户视角,以客户的视角查看该客户在反洗钱管理系统中所触发的所有风险数据,系统以数据流的方式展示,如等级划分信息、大额可疑记录、身份识别风险信息、等级划分复评审核、大额可疑甄别、身份识别的工作过程;针对非自然人客户在展示风险信息的同时亦可超链接至股权穿透、股权结构、关联图谱,展示最终受益人。

(2) 建立帮助中心,通过各种展现形式,将系统内相对复杂的功能、操作进行逐步讲解,达到快速上手的效果,如常见Q&A知识库、在线用户手册、在线操作视频播放。

(3) 增加中国人民银行检查小助手,中国人民银行检查要点梳理,有证件检查、个人信息不完整检查、机构信息不完整检查、客户居住地异常检查、多客户相同信息检查、职业与年龄不符检查等,具体内容也在持续更新。

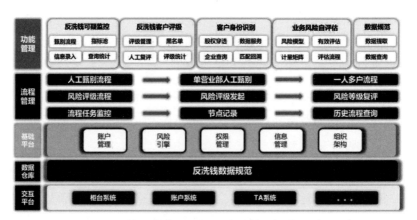

图6-3 某证券公司反洗钱统一管理系统(示例)

第六章　行稳致远：证券公司后台业务的数字化转型

在金融监管中识别风险、防控风险的重要环节是客户身份识别。传统的客户身份识别高度依赖于人工操作，然而通过机器学习、自然语言处理、生物识别等技术，能够有效提高客户识别效率，提高对可疑客户与可疑交易行为的预警率。金融机构和监管机构共同建立基于区块链联盟的监管平台，通过区块链技术实现 KYC(Know Your Customer)的分布式存储和认证共享。经过认证的 KYC 信息可以由任何一个加入监管平台的金融机构存储到区块链，在其他节点上的金融机构和监管机构均能够得到一致消息的同步，监管机构针对交易行为进行事中或事后监管。对于已经录入区块链的 KYC 信息，每次在需要写入或修改时，执行机构均被要求进行签名确认，达到 KYC 信息共享、安全可控的目的，以此避免重复的客户身份认证，降低监管合规的成本。

4) 信息隔离

监管要求证券公司对内幕信息及未公开信息进行管理，仅限于存在合理业务需求或管理职责需要的工作人员知悉。随着证券公司业务的开展，业务多元化和结构化的趋势要求隔离系统能够应对复杂的业务模型与业务情景，实现更加灵活、精准的合规管理，满足全业务的信息隔离要求。

该公司建设的信息隔离墙系统能够对工作流程进行监控，及时跟进流程的最新动向，保证任务的顺利开展。其具有快速、方便地管理待办和已办事宜的任务管理功能；在首页设有醒目窗口提醒、小窗口独立提醒，以及实时高效的流程主动提醒功能。以隔离信息库为核心的隔离墙管理系统可以对全业务进行信息隔离管理。

信息隔离墙的业务流程具体如下：①信息采集，通过数据采集工具，采集上游业务系统数据，包括研究报告信息、自营资管数据等，落地转换为隔离墙系统所需数据；②信息报送管理，各业务部门根据实际开展的项目进行信息填报；③名单编制，根据系统既定隔离逻辑，生成对应基础名单，包括观察名单与限制名单，之后可以根据公司的实际情况进行灵活配置组合名单；④信息预检，根据各业务部门的组合名单进行业务预检，包括手动预检或系统自动预检、自动推送，同时对检测行为进行留痕；⑤隔离监控，系统对各业务的实际开展情况进行监控。

信息隔离墙隔离监控具体包括以下几点：①实时采集自营、资管及研报等系统的交易数据，数据延迟在1分钟左右；②盘中实时监控业务的实际开展情况，对自营交易投行观察标的、自营交易限制名单股票、自营和资管同日反向交易、资管与研究所报告反向交易等情况进行监控；③对监控结果进行系统流程化处理。

信息隔离墙工作报表具体包括以下几点：①业务部门预检数据，包括预检汇总信息查询、检测通过情况、检测明细情况等；②监控信息数据统计，对选定一段时间的各类预警监控信息进行统计，生成报表；③名单变动数据统计，计算名单变动的信息，并加以展示；④信息报送数据统计，对选定一段时间的各类报送数据进行统计，生成报表。

5) 合规管理全景系统

证券公司在监管的要求及自身的合规监测和管理需求下，针对不同的业务和管理需求建立不同的合规管理系统，对单个系统而言能够满足证券公司的不同业务和内部组织间协同的合规监测和管理需求，但因为监测数据和管理控制机制散落于各系统之中，仅能反映某方面

第六章 行稳致远：证券公司后台业务的数字化转型

的合规管理情况，不能有效地反映证券公司整体的合规管理情况。

某证券公司将合规管理方面的系统数据进行集中采集、筛选、分析和加工，统一在合规全景平台上进行展示和任务督办、采集、分析和展示，内容包括但不限于合规检查、月报和日报、法律法规、培训、管理制度、教育和宣传资料、隔离墙跨墙和回墙、员工执业行为、反洗钱等各项合规管理、监测及督办工作的整体开展情况，可以有效地反映公司整体的合规管理情况，提高合规管理工作的效率，并通过不断迭代优化，达到加快公司合规管理工作数字化转型的目的。

（三）合规管理数字化转型的发展趋势

1. 证券公司与监管机构的沟通协作将进一步加强

证券公司通过监管数据填报、治理和建设等方式进一步强化与监管机构的沟通协作。首先对于创新产品的数据统计分析，证券公司应该积极参与监管，报送创新产品的设计和讨论，协助监管机构提出切实可行的市场化建议，将合规数字化全面应用到证券公司的内外部系统中。其次协助监管机构进行信息和知识共享平台建设，推动证券公司在国际化、创新化等方面共创共赢。最后在专业水平提升方面，证券公司与监管机构进一步加强互动和交流，共享资源，提升专业能力。

2. 基于新技术的合规数字化工具开发将进一步加速

在金融业快速发展的背景下，各金融监管部门的监管范围和规模持续拓宽,证券公司面临的挑战也日渐增多。因此需要将数字化创新技术、敏捷流程、创新监测工具运用到监测数据的收集和分析中,从而有效助力合规工作的开展。一方面,运用云计算、人工智能等新技术提升合规监测效率和监测能力,更好地防范系统性金融合规风险;另一方面,减少合规管理工作中的信息不对称发生的可能性,对内外部的合规情况进行更好的检测,及时了解复杂交易和市场操纵行为,识别内部欺诈和风险,掌握金融产品创新。

三、证券公司数字化转型在后台职能领域中的应用

随着证券公司前台业务的数字化转型升级,券商后台职能业务的数字化转型以支持前台业务发展已是大势所趋。由于受新冠肺炎疫情的影响,券商后台职能运营效率对业务的影响逐渐扩大,券商的前、后台的沟通协作和管理工具的有效性对前台业务发挥的效率起着决定性作用。如果财务、人力、法务等职能无法提供及时有效的后台职能支持,将会间接影响前台业务人员对客户的服务效率,降低前台业务的竞争力,影响前台数字化转型带来的业务提升,同时影响前台业务人员短期内的工作情绪及工作敬业度,甚至造成前台人员潜在的流失风险。因此,后台职能业务的数字化转型不仅能带动前台业务发展,提高组织内部的协同效率,更能带动提升前台业务数字化转型的效率,构建敏捷管理体系。

第六章　行稳致远：证券公司后台业务的数字化转型

（一）券商后台职能数字化转型的概念背景

后台职能部门的增效赋能主要体现在后台系统的发展，如人力、财务、信息技术管理等支持性系统能否充分发挥作用，是推动券商数字化转型发展的重要环节。国内券商的后台系统发展可划分为三个阶段。

(1) 第一阶段：后台系统建设始于20世纪90年代初，如国家推动的"会计系统电算化"工程，各大金融机构逐渐采用计算机系统来代替传统的手工记账及手工财务核算工作，靠计算机独立运行完成记账、算账及报账等任务，以及使用计算机汇总并报送会计报表。

(2) 第二阶段：后台系统发展于2000年初，全面进入ERP软件时代，用ERP系统软件帮助企业实现对全部门的统筹管理。后台的主要职能如会计核算、财务管理、采购管理、人力资源管理等逐渐成为ERP系统软件的功能模块。通过不同模块间数据的集成，将各个职能动作集中在一起，加强了多个部门之间流程和数据的协同，提高了工作的准确性和效率。

(3) 第三阶段：后台系统深化于近年来的数字化理念的提出时期，将现代创新技术的发展与后台系统相结合，将移动化、平台化、智能化、敏捷化的应用与职能的运行紧密结合，如RPA系统流程的应用，加强了财务系统的智能化，充分提高了企业内部的协同效率。随着前台数字化的发展，前台与后台的交集将更加紧密，数据间的交互及连接将不断加强，建设以支持和推动前台业务发展的一体化前台及后台系统的集成平台，将是未来智能数字化发展的主流。

（二）券商后台职能数字化转型的实践应用

券商后台职能数字化转型可以通过一体化集成平台实现。一体化集成平台为前端业务提供平台化服务，对前端赋能，使其无后顾之忧地为企业"冲锋陷阵"。同时，该平台涵盖财务、人力资源、IT、行政、法务、客服、采购等职能，不仅能够帮助企业节省成本，提高效率，还能够更好地推进战略和鼓励创新。

应用案例：某证券公司后台管理的数字化实践

某证券公司总资产规模超4000亿元，净资产规模超700亿元，业务覆盖纽约、伦敦、东京、上海、新加坡、中国香港六大国际金融中心。公司秉承"科技引领"的发展战略，持续加大科技投入，2020年，该公司引领行业多项科技创新，累计获得33项软件著作权、5项国家专利，保持处于行业前列。该公司在数字化转型的过程中曾面临数据治理能力薄弱，数据共享水平低，后台职能服务难以满足多元化业务需求的困扰，同时受到券商传统业务思维及各业务条线壁垒的影响，使其难以实现业务、技术、数据的全面转型，影响推进数字生态体系建设的效率。该公司针对数字化转型的痛点构建了"一体两翼"——即以客户为中心，以资本中介及投资业务为"两翼"的数字化转型战略，为公司的数字化建设指明方向，同时构建了包含行政、人力、财务、信息技术等为支撑的后台底层的一体化集成平台。公司依托一体化集成平台，增强了公司内部前、中、后台的协同化能力，以全面支撑前端业务的数字化转型工作，构建完整的数字化转型生态圈。同时，针对后台职能常出现的

第六章 行稳致远：证券公司后台业务的数字化转型

困境，如基础工作耗时过多、流程不统一且反应迟钝等，该公司将RPA和AI智能技术应用于后台职能业务中，使得原本需要投入较多人力的活动能够以数据中台所提供的共享数据进行自动化分析，并通过智能化自动执行，大大提高了后台职能工作的流程效率和流程质量。

（三）券商后台职能数字化转型的发展趋势

未来，后台职能数字化将朝着共享化的趋势逐步发展。共享化的缺失将致使券商内部信息系统孤立化和信息隔阂化，从而拖慢证券的发展速度及运营效率，进而严重影响前台业务工作。券商可以逐渐以分阶段、分层次进行共享化发展，从而构建统一的集合大平台。一般先以财务共享中心、人力服务共享中心、科技服务共享平台的陆续建设和完善来进行。例如，基本的财务报销相关工作可以通过财务共享中心进行，员工的调、转、入、离则可以统一通过人力门户系统完成，信息技术相关的综合性服务可以通过信息技术服务共享中心完成。当各大后台业务共享中心逐渐建立和完善后，将各个共享中心平台进行统一的集合，打通底层数据共享，构建一个完整的后台职能共享生态圈，并与前台业务相结合，打破数字化前、中、后台的业务隔阂，进而发展成完整的前、中、后台一体化数字生态体系。

第七章

纲举目张：证券公司数字化转型的能力评估模型、挑战与应对策略

证券公司在推进数字化转型的过程中，其业务应用、IT架构、组织制度建设等工作环环相扣。因此，建立多维度的数字化成熟度评估体系，以正确评估数字化转型的成熟度，判断证券公司所处的数字化阶段，找出数字化进程推进的重点、难点和关键点，并采取相应的措施，是有效实现数字化转型的关键环节。

当前有多家科技机构建立了相对完善的数字化评估体系，为证券公司建立自身成熟度打分机制提供了借鉴思路。例如，普华永道率先搭建了证券数字化成熟度评估模型，从数字化应用、客户体验、数字化技术、数字化治理四个维度对证券公司的数字化成熟度进行评估。该模型通过对若干指标的结果分析，判断证券公司转型所处的阶段，再分析支撑要素，协助设计实现自身转型目标的举措。同时通过学习模型实践案例，进一步了解模型使用的方法及达到的成效。

一、证券公司数字化转型的能力评估框架与范例

（一）数字化转型效果评估的研究方向及关键要素分析

如何评估企业的数字化转型计划是否成功？如何衡量企业数字化转型已经达到了什么样的程度？这些问题可以从代表性机构的前瞻实践中总结经验和规律。

综合来看，数字化转型的量化评估侧重于评估数字化转型水平、衡量转型绩效等方面。所得的量化分析结果为政策制定者、企业管理者等相关主体提供了参照标杆，来衡量自身数字化程度与平均水平之间的差距，作为数字化转型的评估基础并发挥前导作用。

具体来看，证券公司可以通过数字化转型评估模型，从数字文化、组织架构、高层参与、适应市场、人力资源、考核激励机制、资金投入、技术研发能力八个维度进行自我评估。

(1) 数字文化是数字化意识的一种表现形式。有了数字化的意识、形成了数字文化，才能更好地推动数字化技术在证券公司的快速发展和应用。公司是否有内部数字文化，是否强调敏捷性、合伙制、创新力和时效性是关键指标。

(2) 组织架构是证券公司数字化转型的核心骨架，是支撑转型落地的核心。公司是否有清晰的数字化组织架构定义与职责划分是关键评估指标。在内部协同方向上，数字化转型一定是跨业务条线、

第七章 纲举目张：证券公司数字化转型的能力评估模型、挑战与应对策略

跨业务部门的。未来的数字化发展不会有明显的边界，协同发展将成为趋势和基础。数字化团队是否与其他部门，如市场、IT和外部合作伙伴有机协同与合作，将成为协同发展的关键指标。

(3) 高层参与是指转型一定是自上而下的，是从业务跟随到业务技术协同，再到技术(数据)驱动业务发展。高级管理层对数字化的重视程度和支持度决定了转型的效果。高级管理层是否直接参与数字化管理，特别是在数字化治理方面，是数字化转型治理的关键指标。

(4) 适应市场是指随着数字化程度的提升，个性化和市场化的产品会变得越来越多。快速迭代的产品，基于产品经理的产品设计、开发和运营模式，将直接决定市场化竞争的表现。是否采取项目制或产品制、是否具有快速产品化和市场化的能力是关键指标。

(5) 人力资源中科技人员的占比决定着证券公司的技术实力、科研能力及数字化落地的能力。相比科技人员，数字化人员主要是指具备证券业务和金融科技能力的综合型人才。这类人员能更好地从业务场景出发，结合证券公司的实际能力，规划设计发展方向。因此，数字化人员占科技人员的比例是决定该企业数字化转型最终效果的核心指标。

(6) 数字化转型使得证券公司在业务模式、工作流程、薪酬设计等方面发生变革，同时也要匹配不同的考核激励机制。传统的考评机制和流程，更多的是基于信息化建设的完成情况。在数字化模式下，业务指标加强，从创意产生到产品市场化都应具备有效的考核标准。未来的考核激励机制将更加细颗粒化和动态化，是否适用于公司各层级(含高管)，是否与业务、个人发展挂钩，都会成为综合考核的关键参考指标。

(7) 资金投入程度会影响数字化转型的效果。因此，数字化资金的支持情况是决定一个机构转型成功与否的核心指标。随着证券行业科技的不断转型，券商对信息科技的重视程度不断增强，其中最明显的表现是其对信息技术呈逐年增长态势。根据中国证券业协会数据显示，2019年证券行业信息技术投入的规模为205.1亿元，2020年投入增长到262.87亿元，对信息技术的投入平均达到2.58亿元。

(8) 数字化转型的核心竞争力除了资金投入，就是机构的技术研发能力，证券公司的数字化研发能力是其竞争力的重要表现。是否掌握数字化技术的研发能力，是衡量证券公司数字化转型能力的关键指标。

（二）数字化转型效果评估模型比较分析

数字化转型的成功或失败需要从多个维度衡量，尽管目前还没有权威且适用于所有企业的数字化成熟度量化评估的模型，但是随着数字化转型研究的深入开展，很多研究咨询机构开始探索建立综合性指标体系。评估企业的数字化程度主要从战略、组织、技术、渠道、人才等维度展开。

1. 中国信息通信研究院：企业IT数字化能力和运营效果成熟度模型(IOMM)[①]

针对不同行业数字化转型的需求，中国信息通信研究院云计算与大数据研究所推出了企业数字化转型IOMM(Enterprise Digital

---

① 栗蔚. 企业IT数字化能力和运营效果成熟度模型[R]. 中国信息通信研究院, 2020.

第七章 纲举目张：证券公司数字化转型的能力评估模型、挑战与应对策略

Infrastructure Operation Maturity Module)标准，其中I代表数字基础设施，是标准的第一部分；O代表企业整体经营，是标准的第二部分。

IOMM标准体系针对不同行业、不同规模的企业制定面向平台IT和业务IT的五类成熟度，每个类别分别对相应能力进行评估，并以价值分数进行效果验证。其适用于企业在数字化转型发展的过程中，梳理、定位自身数字化转型能力水平，计划未来的发展方向。IOMM整体框架涵盖两大领域，通过能力和价值角度全面衡量企业数字基础设施能力建设和价值体现，如图7-1所示。

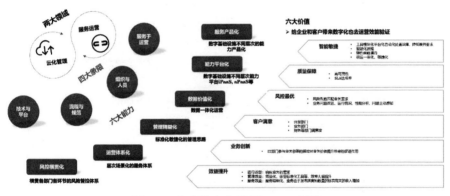

图7-1 企业数字化转型IOMM标准

资料来源：栗蔚. 企业IT数字化能力和运营效果成熟度模型[R]. 中国信息通信研究院，2020.

2. 中关村信息技术和实体经济融合发展联盟：团体标准—数字化转型 新型能力体系建设指南[①]

数字化转型新型能力体系建设的总体框架主要包括新型能力的

---

① 北京国信数字化转型技术研究院. 数字化转型 新型能力体系建设指南 [S]// 中关村信息技术和实体经济融合发展联盟. 北京：清华大学出版社，2021.

识别、新型能力的分解与组合、能力单元的建设、新型能力的分级建设等内容,系统阐释新型能力体系建设的主要方法。

新型能力的建设是一个循序渐进、持续迭代的过程,对照T/AIITRE 10001—2020提出的数字化转型的五个发展阶段,将新型能力的等级由低到高划分为 CL1(初始级)、CL2(单元级)、CL3(流程级)、CL4(网络级)和 CL5(生态级)五个等级,不同等级能力呈现不同的状态特征,以及能力单元和能力模块的过程维度、要素维度、管理维度的不同建设重点,如图7-2所示。

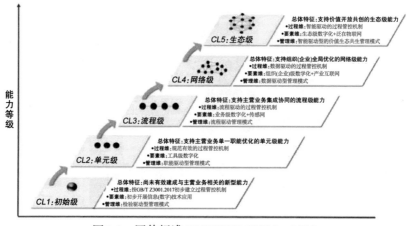

图7-2　团体标准 T/AIITRE 20001—2020

资料来源:北京国信数字化转型技术研究院. 数字化转型 新型能力体系建设指南[S]//中关村信息技术和实体经济融合发展联盟. 北京:清华大学出版社,2021.

3. 华为:开放数字化成熟度模型ODMM[①]

华为提出数字化成熟度模型来度量一个公司的数字化程度,

---

① 华为. 企业数字化转型框架和数字化成熟度评估模型ODMM[R/OL]. OpenRoads社区,[2021-10-13].

第七章 纲举目张：证券公司数字化转型的能力评估模型、挑战与应对策略

即ODMM(Open Digital Maturity Model)，该模型把数字化分成了战略决心，数字文化、人才和技能，卓越客户体验，数据管理与分析，服务创新与数字交付，数字技术领导力等6大评估维度，如图7-3所示。

图7-3 华为开放数字化成熟度模型ODMM

资料来源：东方数字财税研究院. 企业数字化转型：数字化成熟度评估模型[R]. 东方财税研究院，2021.

（三）证券行业数字化转型效果评估模型

目前普华永道通过对证券行业的分析和研究，结合在众多头部金融机构实施数字化转型项目的经验，给出了BXTG四维证券数字化转型评估模型，从数字化应用、客户体验、数字化技术、数字化治理四个维度，逐层分解4个层级的指标，根据指标评分最终得出企业数字化转型效果评估的结果，该模型的一、二级指标示例如表7-1所示。

表7-1 BXTG普华永道数字化转型效果评估模型

一级指标	二级指标
数字化应用(B)	营销
	客户经营
	产品管理
	业务管理
	风险管理
	支持服务
客户体验(X)	使用体验
	服务体验
数字化技术(T)	应用架构
	技术架构
	数据架构
	信息安全
数字化治理(G)	IT治理
	数据治理

1. 数字化应用(B)

数字化应用作为整体数字化转型的直观产出物，可以通过所见系统的完备性直观地反映数字化转型的进程，这套指标针对证券行业的业务及科技系统的特性，将数字化应用分为营销、客户经营、产品管理、业务管理、风险管理和支持服务，并通过分别对其进行4个层级的指标分解，对数字化应用的完备性进行评估，例如，二级"客户经营"——三级"客户数据洞见"——四级"是否有客户画像"。

对数字化应用维度的评估主要遵循证券业务的实际操作流程及中、后台的管理职责，共分为六个二级指标、十三个三级指标及若干个详细的四级指标。具体的数字化应用评估指标体系如表7-2所示。

第七章 纲举目张：证券公司数字化转型的能力评估模型、挑战与应对策略

表7-2 数字化应用评估指标体系

一级指标	二级指标	三级指标	四级指标
数字化应用(B)	营销	渠道赋能	是否具备完善的客户线上营销渠道(有无PC/App/微信公众号系统)
			客户App的注册人数、PC的注册人数、微信公众号的关注人数
			客户App、PC、微信公众号的月活跃用户
			线上交易金额
			线上交易金额占比
			客户App是否支撑全流程线上自主业务办理
			技术手段应用，如AI人脸识别、智能投顾应用水平
			是否有代理人线上展业工具
		销售管理	是否实现全流程线上化销售过程管理
	客户经营	客户信息管理	全公司是否实现客户唯一性识别
			是否有系统能提供公司内客户的全面信息
		客户数据洞见	是否完成客户分群
			是否有客户画像
			是否有成型的客户标签体系
		客户服务	是否按客户标签提供个性化服务
			客户能否在单一入口看到自身在公司的所有活动和业务信息
			是否为客户提供智能客户服务
	产品管理	产品组合管理	是否有系统为客户提供个性化的产品组合建议
		产品画像	是否有系统对产品进行多维度分析，例如产品的销售对象
	业务管理	增效赋能	是否利用证券科技技术实现业务运营效率的提升，如RPA、OCR
		管理决策	是否利用数字化手段实现对管理决策的数字化支持
		监管报送	是否有专门的监管报送系统

续表

一级指标	二级指标	三级指标	四级指标
数字化应用(B)	风险管理	智能风控	是否利用数据分析对重要风险进行及时、有效的监控
			是否利用金融科技技术(如AI、自然语言分析、知识图谱等)实现对外部风险的提示
			是否可以基于数据洞见实现对客户的全面风险识别
		数字化审计	利用数字化技术实现审计风险的自动识别
	支持服务	移动办公	是否有移动办公App
			移动办公App是否支持全流程线上化审批
			是否实现移动办公App与业务系统代办通知的联动

2. 客户体验(X)

在强调"以客户为中心"和市场同质化金融产品泛滥的大环境下,客户体验已经成为各家券商经营的重点。为此,该评价体系将客户体验作为单独的一级指标进行拆解,从数字化支持客户体验的角度评估数字化转型的整体效果。

对客户体验维度的评估主要考察和评估使用体验和服务体验两个二级指标、五个相关的三级指标及若干个详细的四级指标。具体的客户体验评估指标体系如表7-3所示。

表7-3 客户体验评估指标体系

一级指标	二级指标	三级指标	四级指标
客户体验(X)	使用体验	便捷性	客户对App的评分
		稳定性	与客户相关系统的可用性
	服务体验	投顾服务	是否为客户提供便捷的投顾服务
		增值服务	是否为客户提供符合实际需求的增值服务
		权益服务	是否为客户线上化的权益服务(如积分),提升客户黏性

第七章　纲举目张：证券公司数字化转型的能力评估模型、挑战与应对策略

3. 数字化技术(T)

数字化技术是从应用架构、技术架构、数据架构、信息安全的维度对券商的信息系统架构进行评估。例如，关注系统组件化程度，对整体系统中的"烟囱式"系统的占比进行评估，从而得出目前系统架构的得分。

评估数字化技术维度主要分为应用架构、技术架构、数据架构、信息安全四个二级评估指标、十三个三级指标及若干个详细的四级指标。具体的数字化技术评估指标体系如表7-4所示。

表7-4　数字化技术评估指标体系

一级指标	二级指标	三级指标	四级指标
数字化技术(T)	应用架构	系统组件化程度	业务处理系统中"烟囱式"系统所占的比例
		系统按需更改的响应速度	系统平均响应业务需求变更的速度/天
	技术架构	集成技术的成熟度	系统点对点连接、ESB（Enterprise Service Bus）、分布式集成
		高可用性架构	系统是否按重要性进行分级，高等级的系统是否采用了集群或热备的高可用性部署
	数据架构	集中的数据存储	是否有汇集全公司主要数据的平台，支撑全公司的数据分析应用
		智能数据分析	是否有集中的数据报表、可视化平台为数据分析人员提供智能的数据分析支持
		数据服务	是否具备为前端业务提供实时的数据服务能力
	信息安全	制度体系	是否有成型的信息安全制度体系
		组织体系	是否有信息安全专岗，负责信息安全的制度、策略、技术、培训及日常维护管理工作
		技术保障体系	是否有安全管控的技术平台，包括但不限于系统安全、用户认证、权限管理、数据安全等

续表

一级指标	二级指标	三级指标	四级指标
数字化技术(T)	信息安全	网络安全域架构	是否有完善的网络安全分区,能够对办公、开发、生产等进行有效的安全隔离
		信息资产安全	是否对全公司各项信息资产进行梳理,建立资产清单和目录及基本的逻辑关系
		业务连续性	是否有同城/异地灾备及冷备/热备的数据中心架构
			是否有清晰的BCP(Business Continuity Plan,业务联系性方案)制度
			是否按计划定期进行业务连续性演练

4. 数字化治理(G)

数字化治理分为IT治理和数据治理两个维度,分别从IT的规划、组织、投入、研发、管理等角度评估IT治理的程度,从治理体系、数据标准、数据质量等维度评估目前底层数据的情况,进而从治理的角度得出数字化转型的效果评估。

治理体系维度的评估由IT治理和数据治理两个方面组成。IT治理中包括战略规划、组织制度、资源投入、技术研发、项目管理五个三级评估指标,而数据治理中包括治理体系、数据标准、数据质量三个三级评估指标,共有十五个四级指标。具体的数字化治理评估指标体系如表7-5所示。

表7-5 数字化治理评估指标体系

一级指标	二级指标	三级指标	四级指标
数字化治理(G)	IT治理	战略规划	是否出台成文的证券科技发展相关的战略规划、行动计划等
		组织制度	技术创新激励机制
			数字化组织
		资源投入	研发费用占比
			科技人员占比

第七章 纲举目张：证券公司数字化转型的能力评估模型、挑战与应对策略

续表

一级指标	二级指标	三级指标	四级指标
数字化治理(G)	IT治理	技术研发	自研投入占比
			是否采用DevOps的机制
		项目管理	是否有项目管理的工具
			是否采用敏捷的项目管理方法
	数据治理	治理体系	是否有明确的成文管理制度或办法覆盖数据全生命周期
			是否建立专门的数据治理管理组织
		数据标准	是否有全公司级的数据规范及标准
			数据落标率=每项数据标准的落标率的平均值=$\sum$(每项数据标准的落标率)/N=$\sum$(每项数据标准对应的完全落标的系统数量/涉及该项数据标准的系统数量)/N
		数据质量	是否有数据质量管理平台对企业的数据质量问题进行自动识别，并且对识别出的数据质量问题的修正进行系统化管理
			在一定周期内数据质量问题占所有受监控的数据量的比例

（四）数字化转型评估效果模型应用示例

应某头部证券公司的数据转型需求，普华永道从数字化趋势分析、公司数字化水平现状评估、数字化蓝图设计、数字化转型实施路径安排、项目管理支持五个关键环节展开了整体项目，旨在协助该证券公司完成自身数字化体系评估及具体转型措施落实。基于该证券公司自身的业务和数字化情况，普华永道以BXTG数字化转型评估模型为重要理论支撑进行了现状分析、实施路径设计及数字化评价平台构建。

BXTG数字化转型评估模型从数字化应用、客户体验、数字化

技术及数字化治理四个维度出发,对该证券公司的数字化应用现状及数字化需求进行调研、梳理、评估,基于评估结果,为该公司总结数字化转型工作重点,规划数字化转型战略,制定适配该公司自身的数字化评估体系。

首先,在数字化应用评估的过程中,评估流程为根据该证券公司的主营业务,分析该项业务的同业发展趋势,解读针对该业务现有的战略及模式,评估在开展该项业务的过程中体现的数字化能力,形成业务数字化能力评估图谱。

数字化应用评估以针对该业务的营销、客户经营、产品管理、业务管理、风险管理和支持服务六项指标为框架,分析对比在开展业务过程中的数据驱动能力。

(1) 营销:强调该证券公司的线上渠道赋能及销售管理数字化的能力。基于对产品、客户标签数量、标签体系、线上业务量占比、客户App等移动端活跃用户数量等多项细化指标的评估结果,反映其触客渠道的智能化程度、标签设计颗粒度、精准匹配客户需求的自动推送能力等,协助该证券公司理解营销流程中数字化应用的提升点。

(2) 客户经营:评估该证券公司的客户信息管理系统、客户数据理解能力及提供客户服务的水平。参考并使用一系列二级指标,如不同客群客户画像能力、客户数据整合及集中管理程度、客户信息是否唯一识别等。

(3) 产品管理:该证券公司的数字工具对产品组合及产品画像的支撑能力。通过评估券源管理工具、提供个性化投资方案的数字工具功能、产品额度及绩效评估能力、产品多维度画像、产品组合设计等指标,为业务价值的提升提供改进路线。

第七章 纲举目张：证券公司数字化转型的能力评估模型、挑战与应对策略

(4) 业务管理：衡量该证券公司现行的业务流程管理工具的有效性。采用指标包括支持业务协同的能力，辅助交易平台管理、投资策略平台提供专业交易算法与策略的能力，提升合规管理的能力等。

(5) 风险管理：目的是衡量该证券公司的智能风控水平。通过评估其风控体系覆盖范围、风险监测视图、风控工具在业务流程中的嵌入程度、风控平台的有效性、对重要风险识别的及时性和有效性，协助企业识别风控体系漏洞，完善风控管理建设。

(6) 支持服务：检测数字工具对移动办公的支持能力。评估指标包括对移动办公App的功能评价、业务系统代办与移动办公App的联动性等。

普华永道遵循数字化应用评估模型中对以上六项指标的评分结果，整理该证券公司业务板块数字化应用能力的分布情况，为企业提供评估其当前数字化应用能力状态的工具。

以项目管理的评价体系设计为例，项目进行阶段该证券公司在项目管理方面尚未搭建项目评价体系，项目评价系统的建设仍在摸索中；项目管理存在信息化不足、流程数据没有沉淀、评价所需数据获取困难等问题。在业务系统评价方面，科技人员缺少对业务系统有效程度的直接了解、对业务价值的最终实现的情况掌握、缺乏完整的业务系统评价体系与闭环的评价流程。基于现状，普华永道制定了完善数字化评价平台的两大任务：搭建项目评价体系与建立业务系统评价体系。项目评价体系从公司、部门、项目、员工四个维度对该证券公司所有数字化项目的进度、效果进行记录与统一管理，提升对项目的管控能力，实现对项目的精益化管理，建立多维度、可视化的数字化项目评价平台(见图7-4)。

同时,根据BXTG模型中客户体验维度中使用体验及服务体验两项指标,为该证券公司评估其服务便捷性、稳定性的实现提供标准。一方面,根据客户对相关App的评分反馈、与客户相关系统的可用性、线上商城的使用体验、产品检索流程体验等多项子指标度量客户满意度,为改善消费者体验提供思路。另一方面,采用服务体验指标进行衡量,协同从多维度感知消费者体验。如客户对业务的反馈评价、数字化评价平台体系评估、响应速度及响应效果等。在"以客户为中心"的大环境下,通过BXTG模型对客户体验的评估,进一步完善评分矩阵。

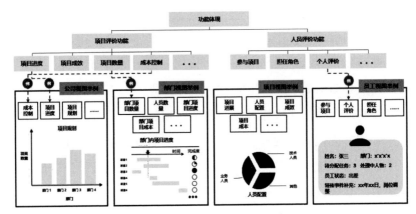

图7-4 某证券公司项目评价体系

以针对该证券公司的业务评价体系设计为例,通过评价、分析、优化与反馈四个步骤的评价流程对业务系统形成动态的、闭环的评估体系,建立针对系统的评价反馈和跟踪机制(见图7-5)。通过为该证券公司进行了数字化评估平台的规划设计,该证券公司逐步形成了符合自身情况的一套数字化评估体系,并成功上线数字化评估平台,实现了对数字化成效的初步评估。

第七章 纲举目张：证券公司数字化转型的能力评估模型、挑战与应对策略

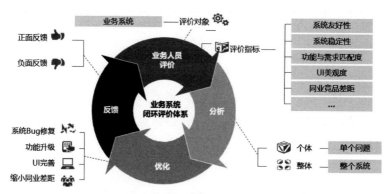

图7-5 某证券公司业务系统评价体系

模型中的数字化技术维度反映了该证券公司在数字化进程中的基本技术能力。主要通过四项指标的评估，包括应用、技术、数据架构及信息安全基础设施。

(1) 通过分析该公司的前、后端应用的技术情况，发现其移动端、后端应用系统存在的优劣特征，在发挥优势的同时，改进数字应用环境。

(2) 评估该公司的技术结构，使用的指标包括技术系统是否自主可控，是否针对系统的重要性进行分级，以及其技术平台框架、开发工具、共享技术平台等。

(3) 评估该证券公司系统的数据结构，即数据存储能力、数据分析平台、数据集成程度、数据的前端业务参与度等。

(4) 面向信息安全等基础设施进行评估，参照该证券公司的制度体系、基础设施保障信息安全的能力、网络安全领域等。

数字化治理是BXTG模型对企业IT治理和数据治理能力的标准化评估框架，主要衡量该证券公司对科技市场化运营机制、架构管控体系、业务线需求管控体系、技术管控、部门需求管控等。模型

中对数字化治理做出了具体化的描述和评价标准，为增强数据治理提供战略支持。

综合以上BXTG模型的评估矩阵，结合该证券公司所处的行业特点及发展规划，形成结构化和标准化的实践框架，为该证券公司数字化转型裁剪并设计其数字化自评估体系提供具体实施的路线图(见图7-6)。

图7-6　某证券公司数字化治理体系

二、证券公司数字化转型的挑战与短板

(一) 战略规划面临高度不足、认识不够、投入不多等问题

1. 数字化战略高度不够，缺乏顶层设计[①]

数字化时代的竞争要求券商高管对数字化技术、新兴金融科技

---

① 杨农，刘绪光. 券商视角下资管科技的创新及展望[J]. 金融电子化，2021(5):3.

第七章 纲举目张:证券公司数字化转型的能力评估模型、挑战与应对策略

公司的商业模式具有高度敏感的洞察力,并能时刻审视或调整公司战略。如果公司高层对数字化转型的急迫性和重要性认识不足、投入不够,转型战略成功落地实施的可能性不会太高。在实践中,数字化转型过程中的领导力和问责制都需要最高层的支持和授权。《哈佛商业评论》中甚至有专家建议,公司的数字化应由经验丰富、有领导力和支持数字化转型心态的董事会成员引领。

数字化转型是从业务流程的线上化和数字化改造,到客户信息、服务产品、运营管理、业务流程等数据生态闭环的构建,再逐渐随着金融技术的运用,实现以客户为中心的业务模式重构的系统性工程。如果缺少顶层设计,就很容易将数字化转型简单地理解为系统改造、业务线上化和特定技术的运用,缺乏整体、平滑、无缝的服务对接,结果不是将数字化转型简化为单纯的信息化改造,就是变成割裂、分散的大杂烩。

2. 转型过程中战略定力面临考验,缺乏明确的战略转型路线

全方位数字化转型是对战略规划、组织架构、业务流程、数据治理等方面的系统性改造,与公司前、中、后台各部门均存在利益和职责上的关联交叉,需要明确的业务规划、坚定的转型信心,以及公司全员的参与、支持与配合。然而,历经行业周期与经济波动的影响,部分中小证券公司面临较大的市场竞争压力,在很大程度上希望将有限的资源投入到业务拓展中,数字化转型的定力面临考验。其次,数字化转型工作千头万绪,投入多、周期长,其当期价值又较难量化显现,在实际工作中很容易出现优先级避让,是一项久久为功的长期性、系统性的工程。

（二）组织架构面临刚性有余、弹性不足等问题

国内部分证券公司存在组织结构与体制机制相对固化和陈旧、市场嗅觉和敏捷度不够、协同作战能力不足等问题，为数字化转型带来了一定的挑战。缺少数字化转型的牵头部门，或牵头部门定位不明确、职责不清晰等问题，也在一定程度上阻碍了业务的快速推进与整体作战。此外，数字化和复合型人才缺乏也是当前数字化转型面临的共性痛点。

1. 组织结构与体制机制刚性有余、弹性不足

数字化转型需要优化原有的作业模式，不仅是特定前台或科技部门的职能革新，更需要塑造基于数据要素内部流转的协调联动机制。一般而言，内部阻力大、牵制多、层级复杂往往会带来决策慢、协同差、机制不灵活等问题，其中比较典型的是业务系统间的断点及流程阻隔形成的数据孤岛，在实践中经常表现为不同业务间的信息割裂、需求响应滞后、灵敏度不足、协同作战能力不强。

2. 数字化转型的牵头部门定位不明确、职责不清晰

在数字化浪潮下，少数头部券商设立互联网金融部、数字运营部等专职机构，牵头推动数字化转型过程中的模式改造与业务创新。但仍有部分中小证券公司存在整体的数字化转型进展缓慢，数字化转型的牵头部门定位不明、职责不清，缺乏跨部门、跨业务的协调能力与有效抓手等问题。当前，互联网金融部、数字运营部等已悄然站在路径分化的关口：向左走，挑起带领经纪业务发展壮大的重任，转化为互联网金融与零售业务部；向右走，有的化身为经

第七章 纲举目张：证券公司数字化转型的能力评估模型、挑战与应对策略

纪业务下设的二级部门或IT二部，成为经纪业务的平台建设和支持部门。数字化转型牵头部门的定位和发展方向，正引发行业思考和焦虑。

3. 缺乏数字化转型人才

所有的创新都离不开人才与技术的支持，人才是金融机构数字化转型的关键要素。国际人力招聘公司Michael Page在其发布的《2018年中国金融科技就业报告》中提出，92%的受访金融科技企业认为金融科技专业人才缺口是中国正面临的严峻问题。一方面，证券公司数字化转型需要的是复合型与综合型的人才，而现实中大部分证券公司的人才结构偏传统，业务及技术人员对数字化转型的意识高度不够、专业能力发展不足。随着金融科技的迅猛发展，证券公司的规划设计能力、需求分析能力、数据管理能力、技术架构能力、核心软件开发能力、建设和营运能力及管理协调能力亟待提升。掌握业务知识和IT技能、具备创新思维又兼备实践能力的复合型人才，已然成为各大券商的重点储备对象。另一方面，与金融科技企业相比，传统金融机构由于创新氛围相对较弱，绩效考核和配套机制不到位，数字化转型定位不清晰等原因，对高水平数字技术人才的吸引力不够，因此造成专业技术人才的供给缺口明显[1]。据统计，2019年度我国证券行业信息技术人才的人均薪酬约占高盛、腾讯人均薪酬的20%和52%。我国证券行业需要进一步重视数字化人才的储备和激励[2]。

---

[1] 张巾.金融行业数字化转型的现状、挑战与建议[J].信息通信技术与政策，2019(09).
[2] 中国证券业协会.关于推进证券行业数字化转型发展的研究报告[R/OL].中国证券报·中证网，2020[2020-08-21].

（三）业务流程面临体系搭建孤立、资源较难整合等问题

当前大多数证券公司的业务板块比较独立，缺少统一的运营和共享平台，各类业务流程也缺乏整体统一的架构。受限于线上化业务运营能力不足、配套机制建设不健全、新旧模式衔接断层流程不畅等因素，大部分机构处于"焦虑但缺少行动"，或"心有余而力不足"的情况。因此，重新搭建业务流程体系，进行资源整合，是目前证券数字化亟待解决的问题。

1. 业务系统分散隔离，架构缺乏整体统筹，未形成互联互通的有机整体[①]

近十年，证券行业的发展日新月异，业务发展到哪里，系统就建设到哪里。部分机构对公司级架构的管控能力不强，加之系统供应商纷杂，存在技术标准不统一、业务管理条块化等问题。在以往的系统建设过程中，各业务条线均自建、自管各自与业务相关的系统，不同系统在功能、流程、数据标准及技术体系方面缺乏统一的规范和整体的管控。在实践中，系统的分散进一步阻隔了数据之间的互联互通，增加了数据需求方获取信息、统一操作和管理的难度。而数据的互通程度、系统和架构的统筹优化能力是推进数字化转型的重要因素，解决由系统分散隔离造成的业务分割、信息分割等问题是打破现有僵局的关键。

---

① 毕玉国，张勇，刘迅，等．数字化转型引领证券行业高质量发展新方向 [R/OL]．清华大学金融科技研究院，2020[2020-06-24]．

2. 数字化转型对传统经纪业务运作模式带来冲击，转型需求与现有流程、信息、机制支撑能力存在差距

证券公司的业务模式转型一直是其在尽力尝试的，然而市场却鲜见令人印象深刻的成功示范。随着业务互联网化的深入，线下网点的传统经纪业务模式受到较大冲击，能否搭乘互联网技术和平台化发展的"顺风车"，打通券商投行、资管及经纪等各个业务条线，将此前彼此分离的业务结构变成线上和线下资源结合、不同业务资源结合的内循环，缩短客户服务链条，提升综合营销服务价值和客户体验，将是未来线下业务模式变革所面临的关键机遇和挑战。然而要突破这一点并不容易，机构客户服务线上化的推进不纯粹只是技术方面向线上的迁移及业务与业务的物理连接，更是对证券公司业务运作模式的重塑能力、业务和客户数据的贯通能力、板块间业务协同运作流程稳定性与敏捷性的考验。

（四）技术创新面临缺乏自研、安全问题等挑战

深化科技运用是推动证券业高质量发展的第一生产力，但目前我国证券行业整体科技实力较弱，对证券科技的人力和资金投入较少，数字化转型带来的信息系统革新面临架构建设和IT技能转型的挑战。同时，新的科技在证券业的应用中存在技术成熟度和安全性不高的问题，技术本身仍存在进一步改进的空间。

1. 证券行业整体的科技实力有待提升

我国证券科技的运用与银行业、互联网企业和国际一流投行相

比差距较大，近年来的部分创新尝试，如互联网理财账户、理财超市、网上商城等，均未能达到预期成果。证券行业整体的科技实力相对薄弱，大型证券公司和交易所贡献了主要的创新力量，中小券商的科技创新能力明显不足。而且目前证券科技的运用和创新主要集中在传统业务转型方面，缺少针对金融产品、金融交易技术的创新，也缺乏对整个价值链的重组。

大部分证券公司对证券科技的重要性认识不足，人力和资金投入较少。根据智研咨询和前瞻产业研究院的数据显示，2020年证券行业信息技术投入的规模为262.87亿元，而银行业2020年信息技术投入为2078亿元。同时，证券公司的试错成本较高，缺乏新技术、新系统运行试错的市场和监管环境。

2. 缺少灵活的信息基础设施架构

当前证券行业信息基础设施架构转型面临架构建设和IT技能转型的挑战，需要长期的系统布局和规划。在架构建设方面，券商面临着高难度、高密度、高能耗的部署挑战，如海量服务器的建设与管理对故障恢复能力、可扩展性和运维的便利性越发重视，而封闭的系统或平台却为系统的优化改造等带来阻碍，烦冗、呆板的信息基础设施架构难以敏捷、快速地响应数字化时代的客户需求。在IT能力建设方面，分布式系统建设所需要的软件和硬件与集中式架构体系差距较大，对IT人员技能的培养、开发效率的提升和解决复杂通信问题与大规模系统建设问题的能力提出较高的要求[①]。

[①] 杨农，刘绪光. 券商视角下资管科技的创新及展望[J]. 金融电子化，2021(5)：3.

第七章 纲举目张：证券公司数字化转型的能力评估模型、挑战与应对策略

3. 技术成熟度和安全性不高

金融业与国民经济和人民生活关系紧密，对安全性有较高的要求。大规模的数据采集、传输和运算在金融业的数字化转型中占据较大比重，在这个流程中极易发生信息安全问题。

随着金融行业数字化的不断深入推进，IT系统的复杂度也不断提高，架构转型中分布式架构虚拟、开源等特性对安全防护技术和数据管理方式提出了更高要求。金融数据的关联性、交叉性持续强化，金融风险呈现日渐复杂的态势，这种变化给金融安全带来了更大的挑战。同时，证券行业正不断推进"混合云"的模式，通过"公有云""行业云""私有云"的结合，发挥不同云的特性和优势，进行协同互补发展。但除了行情及资讯等公开数据的分析可以放在"公有云"上，得以充分利用云计算弹性、高效的优势之外，其他业务当前仍欠缺明确的上云标准规定，这也为证券行业业务上云带来了安全风险问题。

（五）数据治理面临标准缺乏、信息孤岛等挑战

数据治理是证券金融科技运用的基础和证券公司核心竞争力的重要体现。然而，目前我国证券行业在数据治理方面仍面临诸多挑战，包括数据治理不健全、数据共享不充分、数据互联互通与商业交换缺乏有效的标准、信息系统建设和改造有提升空间、业务人员与技术人员之间缺乏协同，以及数据价值挖掘不充分、数据成果运用需要较长时间才能显现等问题。

1. 数据治理不健全，数据共享不充分，数据的互联互通与商业交换缺乏有效标准

部分证券公司缺乏全局视角的统一数据管理体系规划，也缺乏对数据生命周期的明确定义，在数据的采集、存储、处理、传输、交换、销毁的各个阶段没有相关的策略、模型和方案。同时，部分券商缺乏有效的数据管理组织，无法建立统一的数据管理标准和相应的考核机制，无法保证现有的数据管理标准和内控体系有效执行。

在券商信息化发展的过程中，各类业务系统陆续被开发或引入，分别服务于不同的部门以满足各种业务需求。然而，这些系统通常都是独立运行，追求各自的功能实现，在不断扩展、升级的过程中，形成了一个又一个独立的业务数据环境。这不仅使得一些需要在各个业务中共享的核心数据被分散到了各个业务系统进行分别管理，也导致数据不一致、数据冗余等情况所造成的问题日趋严峻。

2. 缺乏有效的数据管理系统和工具的支持

调研发现，证券公司的底层数据管理系统多为Oracle、SQL Server、DB2等关系型数据库，处理效率难以满足海量、多样数据的分析需求。特别是随着数字化转型的不断推进，非结构化和半结构化数据的重要性日渐凸显，而传统数据库无法支持这类数据的抽取、脱敏和分析[①]。

未来，证券公司将进一步面临数据变化频繁(毫秒级)、数据量

---

① 吴保杰，林剑青. 数据同步推动数字化转型[J]. 金融电子化，2019(12).

第七章 纲举目张：证券公司数字化转型的能力评估模型、挑战与应对策略

增长快、数据种类繁多等问题。格式与性质等各不相同的数据所应用的处理方法也不尽相同，这就需要对各类数据进行分类，保障数据的有效传输，这将对券商的数据治理能力提出进一步要求。其次，在数据量激增的过程中，如何避免数据在抽取、传输、脱敏的过程中造成信息损失，满足传输效率和数据质量的平衡将成为衡量证券公司数字化技术与数据运用效能的关键要点。

3. 业务人员与技术人员之间缺乏协同

目前，多数公司仍错误地认为数据管理是单纯地由IT人员负责的技术工作，但事实上，这是需要技术人员与业务人员共同协作完成的。业务人员在数据管理中的角色被边缘化或与开发人员沟通不畅，都会造成信息系统开发效率低下、数据质量较差等问题，并最终影响数据的价值。主要体现为数据语义不明确，同一个数据在不同业务部门、个人之间的理解不一致；数据分类、编码不统一，"一客多码"的问题尤为明显；统计维度不一致，对于同一业务指标，不同业务部门的统计维度、算法不一致，统计的结果也不相同，给管理决策造成困惑；数据管理职责不明确，没有明确数据责任部门和负责人，一旦出现数据问题、质量问题或安全问题，部门之间相互推诿等。

4. 数据基础薄弱，价值挖掘不充分，数据价值的成果转换需要时间

数据作为数字化转型的基础资源，已逐步成为证券公司最重要的无形资产之一。但是证券公司的交易数据、客户数据、风险数据、行为数据、产品数据等基础数据的准确性、完整性、真实性及

可靠性有待提高，市场数据、工商数据、舆情舆论等外部数据仍有缺失。同时，多类数据长期沉淀在各个割裂、分散的系统中，数据的应用局限于数据采集阶段的初步使用，只停留在描述型分析和诊断型分析，只有很少一部分数据可能会涉及预测型分析和规范型分析。由于数据不能得到充分运用，造成资源浪费，从而会影响价值发挥，减缓金融行业的数字化转型步伐[①]。

（六）外部合作存在生态单调、交流不足等挑战

数字化经济的发展具有很强的融合性，但目前证券公司的数据化转型大多是各自为战、闭门造车，不仅缺乏依托于互联网的金融生态体系建设，在和其他金融机构进行的战略合作上也存在明显的滞后。证券公司离开外部生态系统将很难实现数字化水平的跨越式发展，需要合适的金融和科技等生态合作伙伴。

在数字化时代下，"平台+生态"的商业模式被企业奉为圭臬，企业的经营模式随之向平台化、生态化、开放化转变。外部融合与异业赋能的方式和定位也在不断地延展，在过去几年中，金融机构、电子商务平台、数据公司、科技公司、中介服务商、咨询机构之间单一流向的能力输入已经逐步向多机构、多业务、多触点的多维交互转变，这为金融机构的经营模式与合作机制带来了根本性的改变。但目前一些证券公司仍然没有深刻认识到在数字化经济下平台化、互联网化的发展趋势对证券公司的影响，不注重自身金融

---

① 毕玉国，张勇，刘迅，等. 数字化转型引领证券行业高质量发展新方向 [R/OL]. 清华大学金融科技研究院，2020[2020-06-24].

第七章 纲举目张：证券公司数字化转型的能力评估模型、挑战与应对策略

生态圈建设[①]，在跨界合作、异业赋能及外部合作与融合机制的建设方面也止步不前，业务的创新发展缺乏新鲜血液。在数字化转型的过程中呈现出内部业务割裂、外部融合不足的弊端。

（七）法律监管存在略有滞后、不够细化等挑战

近年来金融科技的发展较快，其被广泛应用于证券行业，然而在其数据化运用的过程中，对传统金融监管的技术性和前瞻性带来了巨大挑战。当前与监管科技相关的法律监管尚不完善，存在略有滞后、不够细化、具体责任承担主体不易确定等风险。而随着监管范围和规模的急速扩大，监管也遇到越来越多的复杂挑战。

1. 缺乏与监管科技相辅相成的法律或行业准则

就证券行业及其相关监管机构而言，目前与监管科技直接相关的法律或行业准则尚未建立，而现行的法律法规、监管要求和行业标准更偏向于强调信息技术的安全性。自2019年6月1日起施行的《证券基金经营机构信息技术管理办法》标志着证券行业信息技术监管的重要性已被提升到新的高度，但实践中信息技术服务机构，如科技公司等仍较难被纳入监管范围。

同时，针对大数据和人工智能系统的信息披露尚未形成统一标准。例如，在智能投顾方面，由中国人民银行、中国银行保险监督管理委员会、中国证券监督管理委员会、国家外汇管理局联合印发《关于规范金融机构资产管理业务的指导意见》，相关规定如下：

---

① 周治雨. 互联网金融下的证券公司转型发展研究 [J]. 全国流通经济，2020(8)：2.

"运用人工智能技术开展投资顾问业务应当取得投资顾问资质,非金融机构不得借助智能投资顾问超范围经营或者变相开展资产管理业务。金融机构运用人工智能技术开展资产管理业务应当严格遵守本意见有关投资者适当性、投资范围、信息披露、风险隔离等一般性规定,不得借助人工智能业务夸大宣传资产管理产品或者误导投资者。"但在细节上并没有明确的标准。

2. 数据化为传统金融监管模式带来的挑战

(1) 与当前金融创新和金融机构的结构性变化相比,监管机构的数据监测系统建设相对滞后。数据的严重缺乏使监管者无法及时识别风险、评估风险性质、制定有效的危机解决方案。

(2) 数据高度集中,产生泄露风险。在数字化战略的驱动下,金融机构收集和垄断了大量的数据,为数据安全带来挑战。如果发生大规模的数据泄露,不仅涉及客户隐私的保护问题,还可能产生系统性影响,甚至对金融体系的安全造成威胁。

(3) 数据的深度利用对数据保护原则的挑战。金融科技的功能要得到良好的发挥,必须大量获取和使用客户的真实数据,在此过程中不可避免地会涉及客户隐私保护的问题。在传统金融机构与金融科技公司合作进行数据共享的过程中,也涉及是否算是数据对外泄露、是否属于金融机构将核心业务进行了外包的争论。当合作方处于不同的区域或国别时,该类型合作与数据本地化原则也存在冲突。

3. 具体责任承担主体难以确定

目前应用人工智能技术提供金融服务的机构较多,不仅包括银

第七章 纲举目张：证券公司数字化转型的能力评估模型、挑战与应对策略

行、券商、基金、信托等狭义上的传统金融机构，还包括金融产品销售机构、互联网企业，甚至IT企业。这些机构可能都为客户提供金融和类金融服务，但主体类型不同。如果按照主体类型进行监管，由于有的机构属于银保监系统，有的机构属于证监系统，有的机构则不属于金融企业且不在中国人民银行、中国银行保险监督管理委员会及中国证券监督委员会的监管范围内，会造成监管政策的不一致，产生监管套利行为或监管盲区。此外，在金融科技应用的过程中，可能涉及多企业、多组织的合作，服务的对象可能也非常广泛，出现技术问题后造成的影响巨大，但责任的定义和问题的解决十分困难。

4. 传统金融监管的技术性和前瞻性仍待提升

传统的金融监管手段和技术不能很好地适应券商数字化转型的需求。传统金融监管成本高、获得数据少、风险事前发现的能力弱，尤其事前监管、实时监管、突发事件监管的能力较弱。近年来监管科技取得了一定的进展，但仍处于发展初期，实际应用较少，监管效果也有待检验。

金融法律法规对金融科技的发展和应用的反应往往是滞后的，通常是在金融科技的应用出现创新或变化一段时间之后，相关的法律法规才会做出调整。究其原因主要是以下两点：第一，监管机构与金融机构存在交流时滞和信息不对称，从变化发生到监管层获得信息需要时间，监管层获得足够的信息后做出反应也需要时间；第二，金融科技作为新事物，并没有成熟的监管经验可供参考，监管者难以提前预判其发展方向，往往需要一段时间用以观察其发展演变的趋势，研究讨论监管措施，因此造成监管政策制定的滞后。

5. 监管范围和规模空前扩大，监管挑战趋于复杂

随着大数据、人工智能、云计算、区块链等金融科技在证券行业的应用，金融业务呈现出去中心化、去中介化、自组织等新特点，与传统的监管框架和监管模式不匹配。为适应金融科技发展的趋势，监管能力、监管的灵活性、软件及硬件技术资源都需要提高或升级。分业监管的模式也无法对金融科技混业经营的模式实施有效监管。在分业监管的模式下，监管部门获得的数据是片面的、孤立的，无法掌握全业务流程的数据，各监管部门之间缺乏数据共享和沟通，降低了监管的效率和效果。

三、证券公司数字化转型的策略与建议

（一）顶层设计方面的策略与建议

首先，证券公司应该深刻认识新冠肺炎疫情背景下数字化转型为资本市场及证券行业带来的历史性机遇，将数字化转型提升至公司的战略层面，科学合理地制定数字化转型战略，并通过行之有效的战略宣贯，确保员工和高管在公司数字化转型上"知行统一"。

其次，证券公司在开展数字化转型时应做好完备的顶层设计。一是制定公司数字化转型的目标，解决数字化转型"到哪里"的问题，并明确公司数字化转型的路径。在进行顶层设计时，需要紧密结合公司的整体战略，将公司未来重点发力的业务领域作为数字化

第七章　纲举目张：证券公司数字化转型的能力评估模型、挑战与应对策略

转型的锚点，明确公司在不同阶段的科技投入与转型重点。二是注重顶层设计的长期性、前瞻性与延展性，在技术层可采用分布式的技术架构，构建数据中台与技术中台，打造可复用的、支持灵活交互的数字化能力，杜绝因顶层设计不健全而造成的"烟囱式"IT架构、系统重复建设等问题。

（二）机制体制方面的策略与建议

市场化的机制体制有助于证券公司营造一个适合金融科技创新的良好环境。证券公司在制定机制体制时可以采取"一收一放"的策略，"收"是指完备的数字化项目评价体系，"放"是指市场化的考核机制。数字化项目评价体系将有助于合理估量数字化转型的价值，坚定高管层开展科技投入的决心；市场化的考核机制有助于维系金融科技人才队伍的稳定性，确保数字化转型规划顺利落地。

在构建数字化项目评价体系时，证券公司可以考虑从以下几个方面入手：一是项目过程指标，如业务需求质量、需求处理时间等；二是应用效果指标，如用户数变化、交易金额变化等；三是收益指标，如盈利类指标、成本类指标等；四是影响类指标，如客户评价、业内影响等。

在构建市场化考核机制时，证券公司应参考数字化转型项目周期长、投入大、见效慢等特征，因势利导地制定相对长期的考核体系，避免因短期考核压力阻滞科技能力的培育。同时，证券公司可引入"业务与科技的双向考核机制"，科技部门可以对各业务部门的数字化转型推进情况进行评估，业务部门可以对科技部门的需求

满足情况、系统响应情况等进行评估,通过双向考核机制,推进业务与科技的融合,使数字化转型真正赋能业务发展。

(三)组织与人才方面的策略与建议

(1)在组织架构方面:证券公司应配备与数字化转型战略相适应的组织架构模式。证券公司若采取"全面的数字化战略",则可以在公司顶层设立金融科技委员会,以CIO(Chief Information Officer)或CTO(Chief Technology Officer)作为主任委员,并聚合科技和业务条线的高管及中层干部,通过相对高频的定期议事方式,明确数字化转型各阶段的资源分配及任务重点,把握公司整体的数字化转型节奏;证券公司若采取"聚焦式的数字化战略",如某中小券商的数字化战略聚焦于财富管理,则可以在财富管理条线下设科技团队,科技团队与业务团队拥有同样的薪酬激励机制,并共同承担部门的考核指标,推进业务需求与科技赋能的深度融合。

(2)在股权架构方面:证券公司还可设立金融科技子公司、金融科技研究院等机构,深度挖掘金融科技全产业链,开展金融科技新技术的前瞻性研究及技术储备,培育数字化的先进技术和创新人才,为日后迭代夯实基础。

(3)在科技人才方面:证券公司可采用"外引内育"的策略。对外强化产学研合作,通过与学校、科研机构合作,如通过建立博士后流动站等方式,招纳前沿科技研发人才,提升IT顶层设计和创新研究能力;开展市场化选聘,从金融科技公司或其他券商市场化招聘具有丰富数字化转型相关开发或运维经验的IT人才,提升开发及运维能力。对内建立内部信息科技条线人才梯队,优先培养潜力较大的人才,并完善激励机制,改革传统的固定薪酬模式,推进薪酬水平与业务产出相挂钩,以激发科技条线员工的主观能动性。

(四)业务方面的策略与建议

(1)在零售金融方面:基于经纪业务向财富管理转型的大背景,证券公司可以从客户端、营销端、管理端、客户中台等维度入手,提升零售业务的数字化能力。在客户端,证券公司可以加强客户使用旅程各环节的数据分析,不断优化客户端的用户友好性;在营销端,证券公司可以持续建立完善零售客户CRM、产品平台、投顾工作平台等营销端的支撑工具,全面赋能理财经理进行客户识别、方案设计与后续的跟踪服务;在管理端,通过营销活动、客户经营、团队管理全流程的线上化实现业务设计固化与智能风险控制;在客户中台,证券公司应整合线下、线上渠道客户的各账户数据,以构建客户精准画像,有效支撑资产配置方案规划设计与客户营销线索挖掘。

(2)在产业金融方面:证券公司应借助数字化手段实现对机构及企业客户服务能力的整合,通过机构CRM打造客户的统一触点,整合投行、机构经纪、研究与机构销售、托管外包和投资交易等跨部门业务资源,建立综合营销服务的经营模式。在投行业务方面,证券公司可以从客户管理与项目管理两方面出发,打造一体化的投行服务平台;在客户管理方面,平台可以支持录入客户的非公开信息,并自动导入外部的公开数据,就客户的财务和业务情况、过往合作情况进行统计分析，构建全方位的客户视图，更清晰地洞察客户需求，助力证券公司在科创板注册制的大背景下抢占先机；在项目管理方面，可以通过数字化手段覆盖投行项目承揽、承做和承销全流程，列示每个阶段的关键业务、合规、风控等待办事项，提示投行团队及时完成，加强投行项目质量控制和风险控制。

(3) 在交易金融方面：证券公司可以通过数字化手段培育公司的投研及投资能力，通过搭建统一的投研平台，整合公司的自营和资管团队、研究所的研究资源，赋能投资业务发展，提升公司服务机构客户的综合能力。同时，证券公司可以持续推进投资管理相关的数字化进程，如优化资产配置模型、完善绩效归因分析、搭建量化平台等。

(4) 在中、后台方面：证券公司可以着手构建数据中台、业务中台，提升公司的数据治理能力与运用能力，强化客户价值的挖掘，赋能前台业务开展效率。同时，证券公司充分利用金融科技手段提高风险监测、预警和防控能力，提高合规管理水平，并探索金融科技在客户适当性管理、信息披露、风险监测和自动化风险报告、违法违规行为监测等方面的具体应用，通过科技手段提高证券公司的风险控制和合规经营的水平。

（五）技术方面的策略与建议

数字化能力已经成为衡量头部券商实力的重要指标，大型券商应通过吸纳金融科技人才、壮大科技自研团队、成立金融科技子公司等方式持续提升核心竞争力。中小券商在资源有限的情况下，需

第七章 纲举目张：证券公司数字化转型的能力评估模型、挑战与应对策略

要围绕核心竞争力，利用相对优势，在单个领域投入力量打造特色化精品业务线，提升品牌价值，而其他方面则可以采取跟随策略，充分发挥后发优势，满足日常经营所需。

在技术能力层面，证券公司应该关注公司的数据治理能力，重点解决数据来源割裂、数据标准不统一等问题，使公司数据变为标准化、可度量、能够被系统或模型识别和利用的数据资产，促进业务的融合发展，运用数字技术降本增效。同时，证券公司可以通过自建团队、深化与金融科技公司战略合作等方式培育公司自身的金融科技自研或应用能力，发掘大数据在获客、营销、风控端的应用，培育人工智能在智能投顾、智慧服务等领域的应用等。

（六）实施路径方面的策略与建议

在推进数字化转型落地时，证券公司应坚持"因地制宜、循序渐进"的原则，充分领会公司的整体战略及数字化转型的顶层规划，明确转型各阶段的重点任务。针对中小券商，在科技资源有限的前提下，应以优先赋能前台业务为原则，提升获客能力，做大业务规模，助力经纪业务向财富管理转型，并提升产业金融和交易金融业务的运营效率。针对头部券商，应考虑全面提升前、中、后台运营智能化的程度，持续加强公司数据中台及技术中台建设，深度赋能前台业务，并提升公司管理的精细化水平。

在规划具体的实施路径时，证券公司应该先明确全部数字化转型任务的优先级：依据整体规划的业务重点确定项目开发的重要程度，根据各系统开发或升级的复杂程度确定项目开发的实施难度，

并综合考虑重要程度及实施难度,以确定各数字化转型任务的优先级。同时,应将数字化转型的实施规划纳入相关部门的考核体系中,确保公司数字化转型进程的合理、有序推进。

数字化转型是数字经济发展的主引擎,蕴藏着巨大的经济和社会价值。各国普遍高度重视数字化转型,纷纷出台国家战略加速推进,如德国工业4.0、英国工业2050、印度国家制造政策等。我国在中国特色社会主义的背景下,持续利用数字技术提升经济生产力,改善社会治理模式,加速建设全球数字经济强国,实现经济的高质量发展,同时国家将推动数字化转型作为重大战略部署[1]。在政策方面,中国共产党第十九次全国代表大会提出加快建设制造强国,发展先进制造业,推动互联网、大数据、人工智能和实体经济深度融合。另外,中国共产党第十九届中央委员会第五次全体会议指出,要坚定不移建设制造强国、质量强国、网络强国、数字中国,推进产业基础高级化、产业链现代化,加快数字化发展,均强调了证券行业数字化转型的重要性。国内证券公司应该将激烈的市场竞争和业务转型压力,转换为推动数字化转型的动力,聚焦关键领域和薄弱环节,推动我国证券行业数字化能力和水平逐步追赶世界领先水平,更好地服务资本市场及实体经济。

---

[1] 陆洋,王超贤.数字化转型量化评估研究的比较分析与最新进展[J].科技进步与对策,2021(09).

参考文献

[1] 薄纯敏. 金融科技改变监管新范式[J]. 金融博览(财富), 2019(12).

[2] 毕玉国, 张勇, 刘迅, 等. 数字化转型引领证券行业高质量发展新方向[R/OL]. 清华大学金融科技研究院, 2020[2020-06-24].

[3] 陈永伟. 数字经济时代, 数据是怎样一种关键要素[J]. 商业观察, 2018(1): 82-83.

[4] 邓淑斌, 张斌. 境外券商开展证券投资咨询的业务模式及启示[J]. 证券市场导报, 2010(7): 5.

[5] 丁文联. 数据竞争的法律制度基础[J]. 财经问题研究, 2018(2): 5.

[6] 费方域, 闫自信. 数字经济时代数据性质、产权和竞争[J]. 财经问题研究, 2018(02): 3-21.

[7] 国家发展研究中心. 2018年传统产业数字化转型的模式与路径[J]. 国家发展研究中心, 2018.

[8] 蒋东兴. 关于证券期货业数字化转型的思考[J]. 清华金融评论, 2021(9): 5.

[9] 栗蔚. 企业IT数字化能力和运营效果成熟度模型[R]. 中国信息通信研究院, 2020.

[10] 刘龙. 证券公司风险控制问题[J]. 合作经济与科技, 2013(20).

[11] 刘绪光, 肖翔. 金融科技影响金融市场的路径、方式及应对策略[J]. 银行家, 2019(12): 79-82.

[12] 刘绪光. 科技驱动下金融中介的边界与价值[J]. 银行家, 2019(10): 122-124.

[13] 刘绪光. 数字账户、平台科技与金融基础设施[M]. 北京: 中国金融出版社, 2022.

[14] 刘艳丽. 数字化赋能证券行业财富管理转型探讨[J]. 金融纵横, 2021(10): 41-48.

[15] 刘玉萍, 孟林. 金融IT行业深度跟踪: 券商FICC兴起, IT建设需求提升[R/OL]. 招商证券, 2021[2021-10-10].

[16] 倪以理, 曲向军. 全球资管行业数字化转型战略蓝图与实践[J]. 麦肯锡: 中国银行业CEO季刊, 2020(7): 8.

[17] 戚聿东, 李颖. 新经济与规制改革[J]. 中国工业经济, 2018(3): 5-23.

[18] 孙国茂, 李猛. 证券公司数字化转型与评价研究[J]. 金融发展研究, 2022(9): 10.

[19] 王汉生. 数据资产论[M]. 北京: 中国人民大学出版社, 2019.

[20] 王玲, 朱阿柯, 龙建益, 等. 证券公司数据治理模式和路径研究[J]. 清华金融评论, 2021(3).

[21] 吴瞬. 华林证券陆忠良: 打造FICC科技金融平台 推动业务创新发展[N]. 中国证券报, 2021-06-25(A04).

参考文献

[22] 吴哲锐. 证券公司运营平台建设探讨[J]. 金融电子化, 2019(02).

[23] 杨农, 刘绪光, 李跃, 等. 金融数据资产: 账户、估值与治理[M]. 北京: 中国金融出版社, 2022.

[24] 杨农, 刘绪光. 券商视角下资管科技的创新及展望[J]. 金融电子化, 2021(5): 3.

[25] 杨农. 数字经济下数据要素市场化配置研究[J]. 当代金融家, 2021(4): 118-120.

[26] 杨涛. 数据要素: 领导干部公开课[M]. 北京: 人民日报出版社, 2020.

[27] 杨宇焰. 金融监管科技的实践探索、未来展望与政策建议[J]. 西南金融, 2017(11): 8.

[28] 佚名. 摩根士丹利: 综合金融能力对接财富客群需求, 全球领先的财富管理机构[R]. 中金公司研究部, 2021.

[29] 张明英, 潘蓉. 《数据治理白皮书》国际标准研究报告要点解读[J]. 信息技术与标准化, 2015(6): 4.

[30] 张旭阳. 中国资管系列报告2020: 扬帆启航、破茧成蝶、时代机遇、争创一流[R]. BCG波士顿咨询, 2021.

[31] 中国证券业协会. 关于推进证券行业数字化转型发展的研究报告[R/OL]. 中国证券报·中证网, 2020[2020-08-21].

[32] 周治雨. 互联网金融下的证券公司转型发展研究[J]. 全国流通经济, 2020(8): 2.

[33] 朱灯花. 自营成券商最大收入来源[N]. 国际金融报, 2021-04-19(09).

[34] Laura Noonan. Morgan Stanley hires new Head of Transformation[J/OL]. Investment Banking Correspondent, 2018[2018-07-24].

[35] Lorie Konish.Morgan Stanley launches new advisory technology platform [EB/OL]. CNBC, 2018[2018-11-20].

[36] Richard D. Fairbank. Capital One 2018 Annual Report [R/OL].

[37] Topo Pal. DevOps at Capital One: Focusing on Pipeline and Measurement[DB/OL]. DOES16 San Francisco: DevOps Enterprise Summit. 2016[2016-11-17].